文心雕龍
「以駢著論」之研究

溫 光 華 著

文 史 哲 學 集 成
文史哲出版社印行

國家圖書館出版品預行編目資料

文心雕龍「以駢著論」之研究 / 溫光華著.
--初版.-- 臺北市：文史哲, 民 98.2
　　頁：　公分. -- （文史哲學集成；559）
參考書目：頁
ISBN 978-957-549-827-6 (平裝)

1. 文心雕龍－評論

820　　　　　　　　　　　　97020805

文 史 哲 學 集 成　559

文心雕龍「以駢著論」之研究

著　　者：溫　　　　光　　　　華
出 版 者：文　史　哲　出　版　社
　　　　　http://www.lapen.com.tw
　　　　　e-mail:lapen@ms74.hinet.net
登記證字號：行政院新聞局版臺業字五三三七號
發 行 人：彭　　　　正　　　　雄
發 行 所：文　史　哲　出　版　社
印 刷 者：文　史　哲　出　版　社
　　　　　臺北市羅斯福路一段七十二巷四號
　　　　　郵政劃撥帳號：一六一八〇一七五
　　　　　電話886-2-23511028・傳真886-2-23965656

實價新臺幣二四〇元

中 華 民 國 九 十 八 年 （2009） 二 月 初 版

文心雕龍「以駢著論」之研究

目　　次

第一章　引　論

一、研究意識之形成

在中國文學發展歷史的脈絡中，六朝時期一向居於重要且特殊的地位。此時期在詩文以及辭賦的創作上成果豐碩，不但名家輩出，佳篇雲集，而且在文學的表現形式上，也有極為顯著的特點。當詩文創作蓬勃興盛，相伴而生的理論與批評的論著也紛紛嶄露頭角，引導著後世文學的發展，其承前啓後的關鍵性，成爲古典文學研究者關注的焦點。

六朝這時期文學固然成果豐碩，異采紛呈，然似乎仍難以免除毀譽參半的評價，究其緣由，關鍵當在於以唯美是尙的創作趨勢，與以駢儷之體爲文章正宗的時代風氣。這兩種風氣結合，便連帶造成句必排偶、辭必華豔、字必雕琢的創作現象，其流風所及，更引發了所謂形式主義的文學習氣。這極力追求文學美感表現，固然是文學從自覺到成熟的一種軌跡，但其華而不實的流弊，卻也被視爲文風卑弱的標幟，不僅受到當時質疑，也深爲後世詬病。如劉勰所謂「文體解散，辭人愛奇，言貴浮詭，飾羽尙畫，文繡鞶帨，離本彌甚，將遂訛濫」（〈序志〉），已顯見時文

病態叢生。又顏之推也指稱：「今世相承，趨本棄末，率多浮豔，辭與理競，辭勝而理伏；事與才爭，事繁而才損。」[1]可見「浮詭」、「浮豔」之習，顯爲當時有識文士已認知並深有感受的文章弊病。唐宋之際，亦普遍以爲「時世之文，多偶對儷句，屬綴風雲，羈束聲韻，爲文之病甚矣」[2]，甚至逕以「八代之衰」[3]看待之，排拒的態度，遂造成後世文家乃至文學史論著，或加以貶抑，或逕予忽略。如清代古文家姚鼐編選《古文辭類纂》，持論亦然，指出「古文不取六朝人，惡其靡也」、「齊梁以下則辭亦俳而氣益卑」[4]，此皆可見六朝文章從唐宋以至清代，較少受到學者肯定或重視，更遑論從積極面抉發其價值者。紀昀在評點《文心雕龍·麗辭》時便指出：「駢偶於文家爲下格」[5]，也從而可知文家對於駢體所抱持的成見。而類似的評價導向，也連帶導致長期實際存在於文學發展歷史中的駢體文學，被排擠棄置於文學史中最不起眼的一隅，蒙上厚塵，遭受冷落的命運。

　　而本論文所關注之《文心雕龍》一書，正是在六朝特殊的時代因緣下，所造就出一部性質獨特、成就超絕之文論巨著。南朝駢儷時文之習是孕育《文心雕龍》的環境，

---

1 引見顏之推撰、王利器注：《顏氏家訓集解·文章第九》（台北：漢京文化事業，1983 年 9 月），頁 249。
2 引見裴度：〈寄李翱書〉，《全唐文》（北京：中華書局），卷 538。
3 語出蘇軾〈潮州韓文公廟碑〉，云韓愈「文起八代之衰。」
4 引見姚鼐：《古文辭類纂·序目》（台北：華正書局，1998 年 7 月），頁 27。
5 紀昀評語見黃叔琳：《文心雕龍輯注·麗辭第三十五》（台北：中華書局四部叢刊本）。

因此劉勰也因時制宜，順勢採行駢儷之體，以論評往代之
文及近世時文，而這也使其書在理論的高度成就方面享有
不凡聲譽之外，另一項值得注目的重要特點。

　　從書寫的角度來看《文心雕龍》，其淵懿雅麗的辭章
藝術，早已深受古今學者的讚譽，故諸如「綱領昭暢，而
條貫靡遺，什伍嚴整，而行綴不亂」[6]、「文藻翩翩」[7]的評
語，皆可說明《文心雕龍》實是傳統文論發展脈絡中，以
創作之筆端進行理論書寫的佼佼者。不僅古代學者有如此
看法，今日學界也多有延續發揚這樣觀點的持論者，如王
運熙評謂：

> 劉勰不但在理論上重視肯定駢體文學，並且在實踐
> 上是一位積極的駢文作家。《文心雕龍》五十篇都
> 是用駢文寫的，各篇駢句都占絕大多數，單句很
> 少；而且語言富有文采，多用典故，音節和諧，不
> 但是見解精辟的論著，同時也是優美的駢體文學作
> 品。魏晉南北朝人的論著和論文，有的用駢文寫，
> 偏於華美，《文心雕龍》是其突出的代表作品。[8]

將劉勰視為駢文大家，並將《文心雕龍》視為優秀的駢體
文學作品，可說是充分突顯並肯定了其書在駢體文學史上

6　語出明載璧序徐渤《文心雕龍》批校本，引自楊明照：《增訂文心
　　雕龍校注》（北京：中華書局，2000 年 8 月），附錄「序跋第七」，
　　頁 956。
7　語出胡維新：《兩京遺編·序》，引自楊明照：《增訂文心雕龍校注》，
　　附錄「品評第二」，頁 646。
8　引見王運熙：〈劉勰對漢魏六朝駢體文學的評價〉，《文心雕龍探索》
　　（上海：上海古籍出版社，2005 年 4 月），頁 217。

具有積極性的高度定位。但是相對而言，也由於六朝駢儷大行而造成文風衰靡的負面成見，連帶使以駢體行文的《文心雕龍》受到一些影響。如所謂「但恨連章結句，時多澀阻」[9]，或評謂「辭排氣壅，如肥人艱步，極力騰踔，終不越江左蹊徑」[10]，指涉均明顯與駢儷之運用有直接的關聯性。

　　劉勰從事撰著，正值南朝駢儷文風最盛之際，故駢儷這種特殊體製也必然對於《文心雕龍》之表述，產生了相當關鍵性的影響。尤其劉勰以駢體撰寫文論，其間也連帶衍生了不少可資細思與探索的問題。故若循此，從相關層面進行考量：中國駢文史如何看待劉勰《文心雕龍》選擇駢體著論的課題？其評價取向或趨勢如何？選擇以駢著論，是否在某種程度上成了推助《文心雕龍》特殊學術造詣的條件或因素？講求美感的駢體本身，究竟適不適用於論理之文？《文心雕龍》以駢體寫作文學論文，其具體特色與成就如何？行文中所使用駢句有何特出之處？劉勰如何在文章的實用性和藝術性上取得平衡，使駢體既能論事析理，也能藉著駢儷之美同時達成「言以文遠」的理想及論述「為文之用心」的目標？其調和駢散之文章體式理論及實踐成果，對於今日文章表達而言，是否提供了啟示？至於駢儷出語必雙的行文方式，是否可能在為了表現美感的同時，也侷限了劉勰盡情揮灑才學的表達能力？若著眼

9　隋劉善經之語，引見弘法大師：《文鏡祕府論・天卷・四聲論》（台北：貫雅文化事業，1991 年 12 月），頁 97。

10　語引見史念祖：〈文心雕龍書後〉，引自楊明照：《增訂文心雕龍校注》，附錄「品評第二」，頁 659。

於《文心雕龍》駢體可能造成之侷限，那麼應如何合理看待《文心雕龍》以駢著論之評價問題？凡此可見類似問題之牽連其實相當廣泛，本論文未必能完全一一圓滿回應，但也盡力嘗試透過駢體文學之角度，開展《文心雕龍》這一面向的研究視角，對其中重要專題予以關注考察，故將近年研思所得，綜整匯聚爲「文心雕龍『以駢著論』之研究」，期能切近駢體文學視角下有關《文心雕龍》學術評價之課題，並爲「龍學」研究之開展略盡棉薄心力。

二、研究視角之凝聚

駢體文學在中國文學史中確實長期存在，也有不可忽視的影響，但在古典文學研究的環節上，卻相對顯得相當冷落而薄弱，成果數量也遠遜於詩詞、辭賦或小說，姜書閣即指出這一現象：

> 近世治文學史者多薄駢文而不加論述；偶或及之，率皆斥爲形式主義而草草帶過，或片鱗隻爪，莫明原委。[11]

可見駢文研究仍可說是中國古典文學研究史上的一大塊空白。但誠如郭紹虞所謂：「我們今後可以不再寫駢文，學駢文，但在文學史的觀點上卻不能抹去這一段長期間的歷

---

11 引見姜書閣：《駢文史論・序》（北京：人民文學出版社，1986 年 11 月），頁 2。

史。」[12]是故今日對駢體文學進行關注，用意並不在於扭轉其趨勢或者重新提倡，而是從掘發其正面價值的立場來面對問題，正視其長期存在的事實，以肯定眾多名家佳篇爲文學寶庫所增添的耀眼異采。此正錢鍾書所云：「駢體文不必是，而駢偶語未可非。」[13]指出駢文與駢語基本上有所不同，因此價值也不應一概而論。于景祥也明確提出：

> 正確地對待駢體，恰當地吸收或繼承其藝術形式與表現技巧，會大有所為的。[14]

另又云：

> 六朝駢體燦爛的文采，整齊的形式，和諧的聲韻，本是藝術上的進步，是很有價值的寫作技巧；只要恰如其分地加以利用，一定會增強文章的表達效果，不能因為歷史的偏頗就一概否定。[15]

可知從正面來掘發駢語以及駢體的表達效果與藝術價值，應是一種面對文學發展歷史較爲務實而積極的態度及觀點。

民國以來，《文心雕龍》研究潮始終持續熱絡，關注

---

12 引見郭紹虞：〈駢文文法初探〉，《照隅室語言文字論集》（上海：上海古籍出版社，1985 年 4 月），頁 388。

13 引見錢鍾書：《管錐編》（北京：中華書局，1979 年版），第四冊，230 則，頁 1474。

14 引見于景祥：《中國駢文通史》（長春：吉林人民出版社，2002 年 1 月），頁 1064。

15 引見于景祥：〈文心雕龍以駢體論文是非辨〉，《文學評論》2007 年 5 期，頁 141。

焦點每個時期各有異同，研究方法也與時俱進，多有新變，故成果可說極爲多元宏富。《文心雕龍》是六朝駢儷論著的首要代表之作，是所謂「晉以下駢體之大宗」[16]，也是「駢文學之祖」[17]，故從駢體文學的角度著眼以進行探究考察，自屬勢之必然。如學者或以爲《文心雕龍》論述性質核心實在於駢文，如瞿兌之謂劉勰「是以駢文的立場來作書，而且他的本書就是用駢文作的」[18]；蔣伯潛亦云：「他雖然並沒有說出這是駢文的作法，但是所論的內容，卻大抵爲駢文而發」[19]；或以爲《文心雕龍》實爲駢文之傑作，如劉麟生即謂劉勰此書「以文章而論，亦駢文中最大之著作」[20]，類似上述的論點固然大致言能成理，也多爲一般研究者所認同，但如逕將《文心雕龍》運用「駢語」爲文與所謂的「駢文」畫上等號，則顯然過於直接而武斷，畢竟《文心雕龍》所論評之作品並未全以駢儷者爲限，其行文體勢與定型化的六朝文或後世的正統駢文也有程度之區別，兩者之間關係仍有待進一步闡析與釐清的需要。

　　劉勰將六朝時文之駢體與論體結合，以駢體撰述《文心雕龍》，實可謂爲「駢文論家之祖」[21]。全書共五十篇，

16 語見劉開：〈書文心雕龍後〉，引自楊明照：《增訂文心雕龍校注》，附錄「品評第二」，頁 654。
17 語見劉麟生：《駢文學》（上海：商務印書館，1934 年），頁 2。
18 見瞿兌之：《中國駢文概論》（台北：華嚴出版社，1993 年 8 月），頁 161。
19 引見蔣伯潛：《駢文與散文》（台北：世界書局，1983 年 12 月四版），第一編第五章，頁 43。
20 引見劉麟生：《中國駢文史》（台北：台灣商務印書館，1936 年 12 月），第四章，頁 59。
21 引見楊清之：〈論劉勰對駢文理論的貢獻〉，《江漢論壇》2008 年 3 期，頁 109。

均可獨立成篇，或究文學本源，或探文學體裁，或析論文
學創作技巧，或闡述文學批評原理，各針對所設專題一一
詳加闡析，綜理要則，篇篇皆可視為「彌綸群言，研精一
理」（〈論說〉）以論述文理為旨的典型專篇。尤其書中各篇，
均深蘊劉勰博通多方的精湛才學，他一方面大體遵循駢體
的形式要求，在裁對、隸事、敷藻、調聲等原則上各施所
長；另一方面則堅持以情緯文的立場，擺脫了駢體過於形
式化的拘牽與限制，使這種特殊的美感形式成為他析論文
理時的輔翼，並為全書營造出雅麗兼備、「華實並隆」之風
貌，故能受到「以駢儷之言，而有馳驟之勢，含飛動之采，
極瓌瑋之觀」[22]等高度讚賞之評。日人興膳宏即以為《文
心雕龍》：「是在毫無內容的形式主義華麗文章的泛濫中奇
跡般地產生的傑作。」[23]肯定劉勰以駢著論卻又能極力免
除時習侷限的獨到之長。

　　劉勰以為論之大體應以能達到「辭忌枝碎」、「辭共心
密」（〈論說〉）為標準，而運用駢體為文，則正好憑藉概括
力強、形式又工整簡練的文句優勢，造成了周密嚴謹的論
述效果。關於駢體能否適於論理，學者持論未必一致。但
瞿兌之曾指出：

　　　　尋常的見解，必以為論說一體非駢文所宜。因為論
　　　　說是發揮義理的，而駢文以詞藻為重，為格律所

22　以上語見劉開：〈書文心雕龍後〉，引自楊明照：《增訂文心雕龍校
　　注》，附錄「品評第二」，頁 653-654。
23　引見興膳宏：〈文心雕龍總說〉，《興膳宏文心雕龍論文集》（濟南：
　　齊魯書社，1984 年 6 月），頁 126。

> 拘，發揮義理，便有所不足。殊不知以駢文作論說，
> 正可利用他的詞藻，供引申譬喻之用，利用他的格
> 律，助精微細密之觀。[24]

可見著眼於駢體形式之優勢，亦可從而掘發其最大可能的
適應性。故以駢著論固然是劉勰為順應時代情勢所做的一
種必然性的選擇，但更積極就寫作面向而言，也是在文論
體製上的一種實踐與拓展。

所以本論文嘗試在文章學、文體學的範疇內聚焦，將
視角朝向論體、駢體及以駢著論的研究課題進行開展，以
探索《文心雕龍》的文章理論與文體實踐的意義。所謂「惟
善用古者能變古」[25]，相信《文心雕龍》之價值，不僅僅
在體大慮周的文論體系上發揮了巨大影響力，其成熟的文
章理論主張、精密的文體實踐所帶給後世創作的啟示，其
實也很值得吾輩肯定與留意。

三、研究名義之商榷

駢儷文句早從先秦典籍即已多見，不過當時仍屬於
「率然對爾」的階段，並非刻意經營而成，故亦無專屬稱
謂；劉勰在《文心雕龍》中曾設篇專論，並稱這種句式兩

---

24 見瞿兌之：《中國駢文概論》（台北：莊嚴出版社，1993 年 8 月），
　　頁 111。
25 語出劉熙載：《藝概・文概》（台北：漢京文化事業，1985 年 9 月），
　　卷 1，頁 20。

兩相偶的寫作技巧為「麗辭」。六朝時期以麗辭偶語行文的
風氣最為盛行，文章形製趨於整練，頗有別於以往之散體，
當時為求區分，有稱其為「今體」或「今文」者，係與以
往散體單行為主之「古體」相對。如梁簡文帝蕭綱在〈與
湘東王書〉謂：

> 吾既拙於為文，不敢輕有掎摭。但以當世之作，歷
> 方古之才人，遠則揚、馬、曹、王，近則潘、陸、
> 顏、謝，而觀其遣辭用心，了不相似。若以今文為
> 是，則古文為非；若昔賢可稱，則今體宜棄。[26]

「今文」與「古體」對稱，固然著眼於時代之別，但其實
也突顯了當時文章體製變異的特性。這種變異，到了南朝
梁陳徐庾之體，偶對整齊、句式規律化的特徵更加顯著，
四六句式也逐漸定型，並蔚為主流。此風唐宋猶然，唐柳
宗元有「駢四儷六，錦心繡口」[27]之語，故「駢儷」以及
「四六」也因而成為此類文體的代稱，如李商隱將其以駢
體章表奏記為主的文集題作《樊南四六》，宋代王銍著有《四
六話》、謝伋著有《四六談麈》等，可見此體發展至唐宋，
以四六為專名，實已步入新的階段。然所謂「駢體文」或
「駢文」這樣的名詞，則至清代才開始出現[28]。清孫德謙

---

26 引見《魏晉南北朝文論選》（北京：人民文學出版社，1999 年 1 月），
　　頁 351-352。
27 語出柳宗元〈乞巧文〉。
28 鍾濤指出：「駢文之名始於清。自李商隱以四六題其作品集後，駢
　　文集多以四六名，至清始出現駢文之名。」見《六朝駢文形式及
　　其文化意蘊》（北京：東方出版社，1997 年 6 月），頁 2。

云：

> 昔人有言駢四儷六，後世但知用四六為名，殆我朝
> 學者始取此駢字以定名乎！[29]

以「駢」字定名，蓋取《說文》所謂「二馬並駕」之意，
如清曾燠《駢體正宗》、李兆洛《駢體文鈔》、王先謙《駢
文類纂》等諸書皆然。「駢文」至此正式成為文體專稱，名
義之指涉也從而確立。

　　從「麗辭」、「今體」、「駢儷」、「四六」乃至「駢體」、
「駢文」等名稱的遷變，前人論之甚詳[30]，故以上僅作簡
述，其各名稱所指意涵或有稍異，然今從文學史角度來看，
這由來已久、運用廣泛的文章體製，名義之指涉漸有共識，
並已成為具有歷史意義的文學遺產。

　　「駢文」之名雖屬後起，然已成為現當代學者慣用
的專門稱謂，廣泛概括六朝以下所有以駢儷為主要行文特
色的各類文章。但本論文行文之際，較少用「麗辭」、「偶
辭」、「四六」、「駢文」等，而指稱之概念多以「駢體」為
主，間或求變化而用「駢儷」，實基於以下幾個考量：

　　第一，「駢體」之概稱較為精確：

　　「麗辭」為寫作技巧之一，可運用於一般韻文、散文，
也廣泛出現於「駢體」。但「駢體」除了要求對仗之外，尚
必須涵括用典、聲律、辭采等形式特徵，故非「麗辭」或

---

29 引見孫德謙：《六朝麗指》（台北：新興書局，1963 年 11 月），頁
　140。
30 如張仁青舉列駢文之名稱二十五則，詮釋相當詳細，可詳參《中
　國駢文析論》（台北：東昇出版社，1980 年 10 月），頁 34-39。

「四六」這樣名稱所能概括，故爲使行文所指稱意義較爲精確全備，仍以「駢體」爲主。

第二，「駢體」之名義涵括較爲寬廣：

「體」一詞在文論中本即具有複雜的多義性，如兼具體裁、語體、風格[31]，或者體裁（製）、體要、體貌等等多重意涵[32]，故在「論體」及「駢體」這一主題交融統攝下，著眼於《文心雕龍》「以駢著論」的論題，就不僅僅侷限在對偶這一技巧的本身，更可推而擴之，探求其書在駢體構成型態（麗辭）、駢句功能、駢論風格、論後繫贊語等各方面的理論或實踐情形，故以「駢體」爲論旨，所涵括名義的範圍顯然較「麗辭」或者「四六」爲寬廣。

第三，「駢體」與「駢文」指涉略有不同：

清代駢體文再度復興，「駢體」或「駢文」普遍運用於文集的題名；民國之後以駢文爲研究對象的論著，如謝无量《駢文指南》、劉麟生《中國駢文史》、瞿兌之《中國駢文概論》等，均以「駢文」概稱歷來所謂的駢儷之文，正式取代「四六」等其他異稱，現當代學者也多習慣用「駢文」來指稱漢魏以後，歷經六朝以至隋唐時期的駢偶之文。[33]但本論文主要使用「駢體」，是現今普遍稱謂慣例的沿

---

31 童慶炳先生以爲文體概念之涵義，包括體裁的規範、語體的創造以及風格的追求等三個層次。詳參《文體與文體的創造》（昆明：雲南人民出版社，1994 年 5 月），頁 10-39。

32 徐復觀先生〈文心雕龍的文體論〉一文指出「文體」有體裁或體製、體要、體貌等三方面的意義，或是有三種次元。文詳參《中國文學論集》（台北：台灣學生書局，2001 年 12 月五版），頁 18-37。

33 瞿兌之云：「普通所謂駢文，大槪指兩漢以至初唐這一段盛行駢偶的文章。」見《中國駢文概論》（台北：華嚴出版社，1993 年 8 月），頁 84。

用，既突顯《文心雕龍》以駢偶這種寫作藝術技巧爲主所
造成之文章體式（駢語體式），另也有意與清代方正式定
名、定型之「駢文」、「駢體文」稍作區分。故本論文基本
上並無將《文心雕龍》文章體式與定型後之駢文完全視爲
等同之用意。

　　另外，從歷代文體發展情形來看，時有「以文爲詩」、
「以詩爲文」、「以文爲賦」、「以賦爲文」、「以詩爲詞」、「以
詞爲詩」等變體乃至破體之風習，這是作家基於個性風格
之追求，而採取打破文體之間界線的一種創作現象，其目
的便在於脫離原本文體的束縛，以充分展現個人才情。然
而本論文所謂的「以駢著論」，則並非屬變體或破體的範
疇，因爲劉勰著論並不在打破駢體的規範，也不在創新論
體的模式。「論體」是一種功能導向的文章體裁，「駢體」
則並非專門的體類，而是從修辭角度畫分，相對於「散體」，
且以對偶方式爲主的一種表現形態[34]，因此駢體與論體兩
者非屬對立之概念，而且本來即可交融並存。是故本論文
傾向將「以駢著論」之現象，視爲文學論述形式的一種演
進，且是理論批評形式成熟的表徵。中國傳統文學理論批
評從早期隨感式、隻言片語式、非系統式，漸漸成爲獨立

---

[34] 如姜濤謂：「駢文作爲一種文體，是我國古代特有的一種文體。但
　　嚴格說來，它又不是一種文體，而是一種修辭方法。……只是由
　　於駢文具有與散文絕然不同的格式和特點，所以才逐漸被人們視
　　爲一種文體。」參《古代散文文體概論》（太原：山西人民出版社，
　　1990 年 7 月），頁 409。
　　另如莫道才謂：「駢文這一概念實質就是從修辭角度劃分的散文類
　　別概念。」詳參《駢文觀止・前言》（北京：文化藝術出版社，1997
　　年 2 月），頁 3。

的篇章，並在魏晉文學自覺時代而更有獨立的文論專篇出
現，如〈典論論文〉等。而當陸機運用賦體著〈文賦〉，暢
論創作之理，其論述圓熟，句式整練，文采豔麗，無疑爲
文論專篇中的文學作品。其後劉勰也順應南朝駢儷風靡的
潮流，運用通行時文今體撰著《文心雕龍》，不再僅爲單篇
之體製，而且是以體大慮周之專著型態出現，不論理論的
高度、視角的廣度、論述的深度、語言的美感，均可說是
理論批評形式的成熟[35]。論理文章從散體向賦體、駢體擴
展演進，且以文學論文學、以語言藝術論語言藝術爲撰著
之出發點，確實也是文學自覺趨勢中的重要指標，因此由
「以駢著論」這樣的書寫角度切入，當是考察《文心雕龍》
時代性、藝術性的絕佳角度。

四、論題要旨概述

　　本書主要由六章組成，皆從「以駢著論」之視角切入，
每章各有其論述之主題與重心，亦可各自獨立成篇。唯各
章排列實無先後之必然關係，彼此之間可共相彌綸，相輔
相成，以闡發《文心雕龍》以駢爲論的深層意涵。茲將引
論之後各章論題要旨概述如下：
　　第二章中國駢文史中的《文心雕龍》：

35　如劉明華即謂《文心雕龍》：「它的問世，標志著文學批評在形式
　　上的成熟。」詳參《叢生的文體——唐宋文學五大文體的繁榮》（南
　　京：江蘇教育出版社，2000年8月），頁355。

　　劉勰撰著《文心雕龍》並非專門針對駢文而立論，所論也並非全屬駢文理論，然其與六朝美文實難以脫離關係，故從中國駢文史的角度來看《文心雕龍》，當有其必要性。故本章主要以數部現今可見、較重要、具有代表性的「中國駢文史」爲範圍，並兼及部分文學史與文章學之視角，以檢視其中對於《文心雕龍》的評價及接受情形，期能透過「駢文學」的視角，從各家的認知與評述中，略作梳理，以見其書在多元的文學史觀下的歷史定位，並作爲探討「以駢著論」這一主題的立論基礎。

　　第三章《文心雕龍》麗辭理論及其實踐：

　　「麗辭」是駢體文章寫作技巧的的核心，而劉勰是麗辭理論的建立者，也是以駢儷之辭論述文章原理的佼佼者，因此有關其麗辭理論與實踐的情形，當爲一個值得觀察的論題。本章從《文心雕龍》麗辭理論之立論基點、麗辭的發展、類型、運用原則等理論主張出發，進一步舉文句實例，考察劉勰如何在刻意經營的形式中，秉持「契機入巧」的原則，進行論旨之表達。文中具體歸結出《文心雕龍》麗辭表現幾項主要特點，可見其理論多能自我落實，並大致呈現了較爲靈活而不僵滯的文采。對於《文心雕龍》之駢體風采及駢論成就而言，提供了切實的觀察點。

　　第四章《文心雕龍》駢體句式及其論理特質之考察：

　　《文心雕龍》各篇所運用駢句的比例相當高，駢儷之氣息也相當濃厚。故本章從《文心雕龍》篇章中所運用之駢儷句型爲研究之著眼點，嘗試考察駢儷句式及其所呈現之論理特質。本章先從對偶談駢句的詩性與理性，其次分

別就四種基本句式與幾種特殊句式兩方面舉例，說明各式駢句所營造詩化的形式美感、韻律感，豐富了文章表現力，另也同時發揮了論析事理的輔助功能，故能使論理之文更顯得嚴整穩重。由此以進而推證，劉勰善用駢句優勢，使《文心雕龍》不僅具敷陳之長，其駢體也有利於論述析理的一面。

第五章駢論之餘聲 ──《文心雕龍》「贊曰」之文章策略及其藝術表現：

劉勰在每篇論文之末繫以「贊曰」，為文章畫龍點睛，是《文心雕龍》駢論體製中一項相當顯著的特色。故本章在探討論理文章之餘，將贊語獨立討論，並將其視為《文心雕龍》「駢論之餘聲」。篇中先追溯贊語之源流，推證劉勰駢論之末贊語，既捃摭經史及外典，又權衡行文實際需要，融貫多方，故實為「參古定法」與「望今制奇」的一項設計；另就贊體「約舉以盡情，照灼以送文」之寫作特徵，歸結《文心雕龍》在篇中運用贊語之文章策略；最後從「結言於四字之句，盤桓乎數韻之辭」，析論贊語的雅潤之風及聯貫流暢的情韻。對於論文末尾繫以贊語之策略與表現藝術，進行了較為完整的考察。

第六章《文心雕龍》之論體風格：

《文心雕龍》兼具批評理論著作及文學作品的雙重性質，故不僅在體系、結構、思理等方面卓絕群倫，在文采、風格呈現方面，亦頗能獨步千古。本章嘗試著眼於風格的角度，由論體的基本特質為出發點，進而考察《文心雕龍》在文辭經營（形文）、音律調協（聲文）、情志表現（情文）

上所透顯的文章風采，並與劉勰所揭舉的論體風格理想檢視對應，從中歸結出其書在論體風格方面的時代意義與成就。

第七章《文心雕龍》以駢著論之特點及其可能侷限：

以駢儷之體寫作文學論文是《文心雕龍》文章的一大特點，歷來學者除推崇讚賞文章之豐贍辭采之外，也對其提出了一些訾議或質疑。本章一方面針對向來將劉勰《文心雕龍》與六朝駢儷時習混同，而給予之負面評價加以釐清；另一方面則分析《文心雕龍》以駢著論之語意表達的現象與特點，並也嘗試檢討其行文之可能侷限。主要期能兼從正負兩面著眼，考察劉勰如何在唯美形式的重重限制下，利用駢儷語句表達模式之優勢，兼顧內容之表述，呈現恰如其份的文采。例如在概念的統括、語意的強調、秀句的裁成等方面，駢儷語句即頗具顯著的論述效能。至於駢辭儷句所造成之限制性及繁冗性方面，《文心雕龍》亦勢所難免。故本章以務實之學術立場，在肯定其書特長的同時，也正視其受時代習氣影響，而使論述未能盡致之可能侷限。

最後第八章則為結論，綜合前述各章研究所得與成果。

至於《文心雕龍》諸本仍有不少異文，為免字句考證造成旁枝，本研究所徵引《文心雕龍》之原典，一概以王師更生《文心雕龍讀本》（台北：文史哲出版社）為主要根據。

第二章 中國駢文史中的《文心雕龍》

一、前 言

　　駢與散是中國文章體製中的大宗，兩者在一篇文章中或分或合，或純或雜，共同交織出豐富多采的面貌。以旨在綜整其自古至今演進與嬗變脈絡的散文史、駢文史而言，雖然出發點有別，所關注的對象也不盡相同，但由於兩者在某些程度上仍有難以截然劃分之處，故散文史所論與駢文史所談的對象也不至於完全相異。而兼為散文史與駢文史所共同討論者，便可從其不同的論述角度，略見文學史在「選文以定篇」時所透顯的史觀。所謂「文學史不僅僅是歷史，更其是當代批評的指南和理論總結的依據」[1]，前者重在描述，後者偏於評價，這兩者所形成的文學史觀，各家當有異同，從其異同切入，無疑可進一步體察某人某作或某體的歷史定位，以及其被後世選擇、接受、評斷過程的深層意涵。

　　從中國文學史的角度來看《文心雕龍》，此書「溯各

---

1 引見董乃斌等：《中國文學史學史·緒論》（石家莊：河北人民出版社，2003年1月），頁4。

體之起源，明立言之有當」[2]，不論體系的完備性或理論的深廣度，皆可謂中國文學理論與批評的寶典。而從文章的角度來看，《文心雕龍》則不僅在中國駢文史上佔有一席之地，也可見諸散文史，正屬於駢文史與散文史所共同關注的對象。中國駢文史、散文史對《文心雕龍》的論述，即使角度有別、詳略各異，然皆突顯了其書兼具理論與創作的性質，其定位與歷史價值也均為重要的學術課題。

　　本章以數部現今可見、較重要、具有代表性的「中國駢文史」為範圍，檢視其中對於《文心雕龍》的評價與接受情形，期能透過「駢文學」的視角，從各家的認知與評述中，略作梳理，以見其書在多元的文學史觀下的歷史定位，並作為探討「以駢著論」這一主題的立論基礎。其中或有書名非為「中國駢文史」，但內容仍在考察駢文歷代發展情形者，如金秬香以及瞿兌之所著之《駢文概論》，亦將一併納入討論。本章考察範圍雖以中國駢文史為主，然為配合論述參照之需要，仍擇要呈現部分散文史論著中的觀點。

二、「文學史」與「文章學」
視角下的《文心雕龍》

　　對文家作品給予描述、評價是文學史的重要任務，而

---

2 語本劉師培〈文說序〉，引自楊明照：《增訂文心雕龍校注・下・品評第二》（北京：中華書局，2000 年 8 月），頁 662。

其所進行的描述與評價，正代表著一種接受和研究的傾向。所謂「接受是研究的前提，研究是接受的延伸和深化」[3]，從前人接受和研究的層面來檢視《文心雕龍》的文學性質與歷史定位，在《文心雕龍》研究史上仍是一項必要的議題。

　　《文心雕龍》成書之後，有相當長的時期流傳不甚廣，甚至遭受冷落，不但注本直到宋代辛處信時始出現，就連史志及圖書目錄著錄之部類亦眾說紛紜[4]，可見前人對《文心雕龍》定位的認知明顯不足，更遑論深入的探究。以較具共識也較合於實際的定位來看，《文心雕龍》當屬於「詩文評」之類，旨在於「究文體源流而評其工拙」[5]，因此其書多被視為文學批評的專著，並且又集前人之大成，重新建構出批評的理論體系，進而發揮指導批評的作用，可說兼具了「文學的批評」與「文學批評的批評」[6]的性質，故成為諸多中國文學史以及中國文學批評史在六朝時期必然列入論述的重心。茲舉數例為代表，並略加說明。如劉大杰《中國文學發展史》一書於「南北朝的文學趨勢‧文學批評」之章節中討論《文心雕龍》，首先肯定該書的重大歷史意義在於「作者能站在文學批評者的立場，把文學理論作

3　引見尙學鋒等：《中國古典文學接受史‧緒論》（濟南：山東教育出版社，2000 年 9 月），頁 1。
4　可詳參王師更生：〈文心雕龍史志著錄得失平議〉，《文心雕龍新論》（台北：文史哲出版社，1991 年 5 月），頁 167-178。
5　語見《四庫全書總目‧卷一百九十五‧集部》「詩文評類」之提要。
6　此處參考郭紹虞：《中國文學批評史》（台北：藍燈文化事業，1992 年 9 月），頁 50。

爲一門專門學問來研究」[7]，並進一步揭舉《文心雕龍》文質並重、文學與社會環境、批評論的建立等三項理論重點，另簡要附論有關文體辨別、文學創作等問題。最後歸結云：

> 劉勰在中國古典文學史上，是有崇高地位的文學批評家。他一面總結前人的經驗，一面提高發展，關於文學各方面作了系統的論述，將文學批評，推向到一個新的階段，對於後代很有影響。[8]

顯見該書將《文心雕龍》定位爲「文學批評」專著，其評述亦以彰顯「文學」各層面之理論內涵爲主。再以羅根澤《中國文學批評史》爲例，其書第三篇「魏晉六朝文學批評史」中第八章「論文專家劉勰」，大致從「幾個主要的文學觀─原道的文學、抒情的文學、自然的文學、創造的文學」、「文體論」、「創作論」、「文學與時代」、「批評及其原理」等方面，論述《文心雕龍》的論文主張與成就，篇幅不少，內容亦相當切要深入，展現了《文心雕龍》以「文學批評」爲重心的理論格局。

另外，也舉幾部斷代式的文學史爲例。首先如胡國瑞所著《魏晉南北朝文學史》，書中第九章「駢體文的發展」，論述建安、魏末、晉代之駢文發展，然並未論及《文心雕龍》；第十章「文學理論和批評的發展」，先指出《文心雕龍》「以卓越的識見，詳審的論述，完整的系統，精美的筆

---

7 引見劉大杰：《中國文學發展史》（台北：華正書局，1991 年 7 月），第十章，頁 315。
8 同前注，頁 323。

調，構成一宏偉的文學理論和批評著作」[9]，其後則針對著作的歷史意義、現實意義、文學與現實的關係、文學內容與形式的關係以及文學批評等方面，予以概要析論，亦未特別關注《文心雕龍》在駢文理論層面的開展。另者，如曹道衡、沈玉成所著《南北朝文學史》，其書首章概說南朝文學的特色時，分析當時駢文的發展狀況指出：「敘事文和理論性的文章多半還用散體，像《文心雕龍》全部用駢文寫作的理論文字是少見的例外」[10]，然卻僅僅略為提點，未根據這點進行討論；接著於第十七章「《文心雕龍》和《詩品》」中，首先將《文心雕龍》定位為「文學理論批評史上一部劃時代的巨著」，並以為「總結了歷代文學創作和文學理論批評的豐富經驗」[11]，其後則著重析論《文心雕龍》之創作論、文學史觀和文學批評史觀。綜合上述可見這兩部斷代性質的文學史，對於《文心雕龍》的評價，依舊側重在文學理論發展、文學理論與批評這一面向的特出成就。

其他各書與上述所析要點或有稍異，但從「文學理論與批評」這一層面切入，分析《文心雕龍》的文論內涵及意義，從而進行評述的方向大致沒有太大差別，這大致可說是傳統詩文評所謂「究文體源流而評其工拙」之意涵的延續與發揮。

再從文章的角度來看，《文心雕龍》以駢儷之體論駢

9　引見胡國瑞：《魏晉南北朝文學史》（上海：上海文藝出版社，1980年10月初版，2004年2月三刷），第十章，頁264。

10　引見曹道衡、沈玉成：《南北朝文學史》（北京：人民文學出版社，1991年12月），第十七章，頁23。

11　同上注，頁317。

儷之文，故論述的範圍勢必可向內聚焦，使其對象具有更專門的指涉性。如同周振甫《中國文章學史》所指出：

> 劉勰的《文心雕龍》，也用駢文寫的，他所論的文章學，主要是駢文的文章學，如〈麗辭〉講對偶，〈情采〉講辭藻，〈聲律〉講音節調配。對偶辭藻、聲律是構成駢文的主要條件。故劉勰講的文章學，成為駢文文章學成立的標幟。[12]

此明確將《文心雕龍》理論內涵導向文章學的角度，並以為此書足為駢文文章學成立的指標。類似的觀點在文學史中亦可見，如近年所發行由袁行霈主編之《中國文學史》一書，該書不僅未從文學理論與批評的角度來看《文心雕龍》，還特於第二卷第三篇的第八章「魏晉南北朝的辭賦、駢文與散文—南朝美文的衍化」中對《文心雕龍》的駢文藝術加以論評，書中指出：

> 以"深得文理"而著稱的《文心雕龍》一書，其文章本身也表現出卓爾不凡的駢文才力。《文心雕龍》成書於齊末，具有議論文的性質，卻採用駢文的體裁。……劉勰汲取魏晉以來以駢儷偶語論事析理的經驗，從而使駢文說理的藝術得到淋漓盡致的發揮。……劉勰著書時抱有能為時流所稱的熱切願望，他著意顯耀駢文之才，也受到當時文壇駢化潮

---

12 引見周振甫：《中國文章學史》（北京：中國文聯，1994 年 12 月），頁 148。

流的一定影響。[13]

所論篇幅雖相當簡要，僅有數百字，然著眼點顯然已有轉移，與上述各家文學史角度頗有不同，其明確強調了《文心雕龍》在時代潮流下，以美文著書、以駢儷論事析理的特點與成就。又如聶石樵所著《魏晉南北朝文學史》，該書第七章專論駢文，其中於齊梁時期論及《文心雕龍》時亦指出：

> 《文心雕龍》五十篇，全用駢文寫成，是一部科條分明、邏輯周密、優秀、規範之駢文著作。這部完美的創作，是建立在作者對駢文理論精湛研究基礎之上的，是其理論之具體實踐。[14]

視角亦有意從「創作」著眼，推舉《文心雕龍》以具體創作實踐理論的成就，故一方面針對偶對、隸事、聲律、句式、藻采等駢文理論略加引述，另一方面亦從文章表現上予以賞評，並從而歸結出「其敷藻能將形文、聲文、情文三者融匯無間，形成統一的優美風格」[15]的觀點。顯見視角已不再與一般文學史同出一轍，而是對於《文心雕龍》以駢著論之特點抱持高度肯定的態度，這固然突顯了「文章」視角下所見南朝美文的現象，然也從而可知文學史若

13　引見袁行霈主編：《中國文學史》（北京：高等教育出版社，1999年8月），第三篇第八章，頁 169。

14　引見聶石樵：《魏晉南北朝文學史》（北京：中華書局，2007年11月），頁 435。

15　同上註，頁 439。

探取不同的觀照取向，就可能得到另一層面的評價。而其間差異，也正是本論文以下欲進一步觀照的起點。

三、視角的聚合：駢文史中對於
《文心雕龍》的評議

若中國文學史是在貫時與並時的縱橫交織中，同時呈現各代、各體的文學發展情勢，那麼駢文史則以專一體類為主線，鉤稽出一貫的脈絡，以探究其體的源流始末。前者總覽全局，後者則獨尊一體；前者從宏觀立論，後者則就微觀探視；前者多采並呈，後者突顯「別裁」[16]風采。兩者評述的對象不同，聚焦點也有別，故亦頗有產生互證互補的可能性。

再進一步言之，文學史論著所界定的「文學」，取義大致指純文學，兼括詩與文，並無專針對散體或駢體之意，故文學史上所突顯《文心雕龍》之學術成就，亦主要在於文學理論與批評方面，這部分不但與當前文學理論意涵相當接近，且其成就足可與之並觀齊視，然對《文心雕龍》之駢文成績，則多半不列為論述的要點。至於駢文史，由於所論範圍多遍及各體「文章」，不僅包括賦，也包括頌讚、

---

16 此處「別裁文學」係相對於正宗文學，引用自劉麟生：《中國駢文史》（台北：台灣商務印書館，1990 年 12 月台六版），第一章，頁 1-10。

章表、奏啓、書記等偏於應用性質的文章體裁，其所評述
的作家作品，也在不同的認知界定下，而較少見於文學史。
其實駢文史所評述範圍，與《文心雕龍》論文敘筆的對象
相當接近，因此，《文心雕龍》的理論價值，則可向較廣
義的文學──「文章」延展，與駢體文章理論連結，而各
篇中所舉列評論的文家作品，則可作爲與理論互相印證的
實例。如此看來，《文心雕龍》在駢體文章方面的成就，
也有透過駢文史予以評估的必要，而從駢文史來看《文心
雕龍》，當也可看到一些文學史中可能未盡全面的描述與
評價。王運熙以爲：

> 近百年來學人們編寫出版了許多中國文學史，對駢
> 文作品介紹得很少。還有不少中國文學批評史，對
> 駢文學著作介紹也很簡略；對個別著作《文心雕龍》
> 雖然談得較多，但大抵從一般的文藝理論而不是從
> 駢文學角度進行分析。[17]

正指出了中國文學史上的這兩種現象：一是對駢文作品的
忽略，二是普遍以文藝理論爲主來看《文心雕龍》的論述
視角。然若不全從文藝理論的角度來析論《文心雕龍》，又
可以提出怎樣的觀察角度？駢文史對此書有何認知？其評
述狀況如何？以下擬總觀諸家論述，從其中選取較具代表
性者，分項舉要說明。唯此處主要以析論之內涵爲經，繫
以各駢文史家之說，旨在綜理駢文史對《文心雕龍》的描

---

17 王說見奚彤雲：《中國古代駢文批評史稿・序一》（上海：華東師
範大學出版社，2006 年 10 月），頁 1。

述與評價，而不在較論駢文史各家持說之異同或其優劣。

（一）概括理論價值

　　《文心雕龍》的文學理論價值，文學史中多有論及，故也必然成爲駢文史的一項關注要點，如瞿兌之在《中國駢文概論》一書於同節中並論《文心雕龍》與《史通》，先指出劉勰「是以駢文的立場來作書，而且他的本書就是用駢文作的」，並以爲《文心雕龍》精義集中在下篇，「在這二十四篇中，尤其切於駢文的鑒裁者，莫如風骨以下」，又說：「像他的包羅萬象，是古今任何論文者所不及的。所以撇開駢文不談，這部書始終是不可磨滅之作。」[18]綜合而言，瞿氏重視《文心雕龍》下篇以駢文爲立場的創作論部分，但也認爲其創作理論包羅宏富，未必僅侷限於駢文，其不嚴分駢散的立場[19]，故不專從駢散來衡量理論價值，可視爲文學史觀點的延續。另外，如姜書閣《駢文史論》論梁陳駢文一章中有「從劉勰的《文心雕龍》論及六朝的文筆之辨」節，文中先概括總評云：

> 齊、梁之際，中國第一部文學理論批評專著《文心雕龍》用當時通用的駢儷文撰成問世了。那真是一部劃時代的文學理論巨著，迄今一千五百年，仍對我們文學研究者有一定的指導意義和重要的參考

---

18 以上各說均引見瞿兌之：《中國散駢文概論・中國駢文概論》（台北：華嚴出版社，1993 年 8 月重版），頁 161-165。

19 瞿氏云：「駢文與非駢文，根本上沒有明顯的界限。」詳參瞿兌之：《中國駢文概論》（台北：華嚴出版社，1993 年 8 月重版），頁 85。

價值。[20]

提出相當高度的讚譽，但對於駢文方面的成就，僅以「劉勰《文心雕龍》為今世學文者必讀之書，其駢儷之辭人皆熟知，不煩舉錄」，故未予以進一步的分析或評述，其後則轉而談及文筆之辨等問題。如此評述的角度及內容，與多數文學史的寫法其實並無明顯差異，對於《文心雕龍》的理論價值，主要評述重點在於概括，在進一步的闡發方面則仍有相當程度的侷限。

（二）析評駢文理論內涵

《文心雕龍》的文論體系龐大完備，早有「體大慮周」、「籠罩群言」[21]的定評，以文學整體角度來看，其理論性質，也當屬不限定於駢或散的文論。然若從劉勰以「益後生之慮」的濟世襟懷來思考，則其文論更可聚焦於六朝所謂「今體」文章之上，亦即有建構駢儷文章寫作理論的意圖。是故駢文史所揭舉的理論實質內涵，面貌亦當有別於文學史所謂的文學理論，而更接近駢文文章作法論。如謝鴻軒《駢文衡論》指出：

> 惟其所論，多以駢文為中心。…彥和歸納各體文章作法，且表達其個人獨特之意見，指出切實而具體之方法，使後學之士，得以領悟習作駢文之秘訣，

---

20 引見姜書閣：《駢文史論》（北京：人民文學出版社，1986 年 11 月），頁 381。

21 見章學誠著、葉瑛校注：《文史通義校注·詩話》（台北：里仁書局，1984 年 9 月），頁 559。

> 故《文心雕龍》與駢文發生密切之關係，即在於
> 此。…至《雕龍》所持論者，雖不限於駢文，要於
> 駢文為尤切。[22]

謝氏並於書中舉列《文心雕龍》文術論中十六篇，擇要分
析其中所論駢文之法，以「習駢節要」為出發點，強調並
具體勾畫出《文心雕龍》創作論與駢文文章作法之關係與
內涵。

　　另又如奚彤雲《中國古代駢文批評史稿》，該書以為
《文心雕龍》是六朝文章學的一部總結性著作，其中許多
內容係針對駢文而發，並且「集中討論了與駢文創作有關
的諸多問題，建立了駢文批評的基本格局，是一部承前啟
後的重要著作」[23]，故設專章析論。又謂：

> 首次以駢文的表現形式為論述對象，無形中揭示駢
> 文創作的基本特徵，使駢文批評呈現較為清晰的面
> 貌，所以可將《文心雕龍》視為駢文文章學建立的
> 標誌。[24]

該書更進一步先後就「駢文起源論及駢文史觀」、「駢文文
體論和風格論」及「駢文創作方法論及作家論」等三方面，
詳細分析了《文心雕龍》的駢文理論內涵。像從〈麗辭〉

---

22 引見謝鴻軒：《駢文衡論》（台北：廣文書局，1973 年 10 月），中
　　編，第八章，頁 197。
23 引見奚彤雲：《中國古代駢文批評史稿》（上海：華東師範大學出
　　版社，2006 年 10 月），上編前言，頁 2。
24 同上注，第二章，頁 21。

切入，追溯駢文起源、駢偶的淵源及發展歷史；從劉勰採取今字以避詭異以及「依義棄奇，則可與正文字」等主張，指出「其目的還是爲了保證駢文用字的美觀性」等，理據相當確實可徵。該書從《文心雕龍》駢文文章學內涵切入，主要歸結出「清晰地揭示出駢文的基本特徵，給後人提供了學習、理解六朝駢文的重要途徑」[25]的觀點，可說鎖定之焦點極爲明確，故《文心雕龍》理論內涵與駢體文學之間的關聯性也就更顯密切。

（三）肯定駢文寫作藝術

劉勰以六朝時興之體著書，故《文心雕龍》行文亦有明顯的駢儷之氣，其駢文之技巧運用嫻熟，頗爲駢文學家關注，故駢文史除了分析其書中理論內涵之外，對於寫作上的特長，也常加以評議並進而肯定。如劉麟生所謂：

> 彥和之書，可謂最早之中國文學史、文學批評與修辭學。然即以文章而論，亦駢文中最大之著作，析理綿密，設詞妥愜，隻詞片義，衣被華夏，餘風至今未泯，嗚呼盛哉！[26]

此處以「駢文中最大之著作」爲著眼點，明確推讚其文章寫作上「析理綿密，設詞妥愜」的成就。又謂：

> 純粹以偶詞儷語著書，而博得最高位置者，厥為《文

---

25 以上引文同上注，第二章，頁 35。
26 引見劉麟生：《中國駢文史》（台北：台灣商務印書館，1936 年 12 月），第四章，頁 59。

> 心雕龍》。《史通》一書，追摹《文心雕龍》，篇
> 幅多寡，亦步亦趨，詞旨辯給，或過於《雕龍》，
> 而藻麗競穆，則遠不及。[27]

則更進一步將《文心雕龍》與《史通》相提並論，但《文
心雕龍》「藻麗競穆」之長，實遠非所及。可見從文章寫作
的角度來看《文心雕龍》，亦可掘發出值得深究的另一番視
野。另外，于景祥《中國駢文通史》對於《文心雕龍》的
定位，亦著眼於其駢文創作的傑出成就，他指出：

> 在中國文學史上，尤其是中國文學理論發展史上，
> 劉勰的地位是舉足輕重的。也正因為如此，人們的
> 注意力大都集中在對他的文學理論的研究上，而他
> 的文學創作，尤其是駢文創作上的傑出成就，卻沒
> 有引起人們的足夠重視，這是十分遺憾的。[28]

於是其後立論，便以此為出發點，首先肯定《文心雕龍》
足為「一部輝煌的駢體巨著」，並進而從「精工妥貼而又靈
活多樣的對偶藝術」、「妙於用典」、「講求聲律　和諧悅
耳」、「精美的詞采」「氣勢雄俊　流利暢達」以及「剖析文
理　深刻周密」等六個方面，分別舉例並予以闡發，極力
突顯《文心雕龍》寫作藝術與成就，最後則歸結云：「劉勰
不但是中國文學史上傑出的理論家，而且是一位非常傑出

---

27 同上注，頁 78。
28 引見于景祥：《中國駢文通史》（長春：吉林人民出版社，2002 年
　　1 月），頁 380。

的駢文家。」[29]所論不僅與駢文以對偶、用典、聲律、詞
采等爲主的行文特徵密切扣合，且指出其長於氣勢與論理
的文章特質。該書以駢體文章爲主的觀察角度相當具體明
確，而且評述理據翔實，能充分賦予《文心雕龍》另一層
面的歷史定位。

　　更進一步來看，歷來學者常以爲論理並非駢文之長，
故對《文心雕龍》析評也多未從論理方面加以突顯，然上
引于景祥《中國駢文通史》對《文心雕龍》在論理方面之
成就，則頗有盛讚之語，謂：

> 劉勰之《文心雕龍》則恰恰是用地道、規範的駢體
> 文剖析文理，體大思精，深刻透辟，集前人文學理
> 論之大成，建立了自己完整的理論體系。……在論
> 理析事上深切明著，細致精微，反覆曲暢，鞭辟入
> 裡，完全克服了駢體文中常見的澀滯之弊，言隨意
> 遣，無不如意。[30]

極力推崇《文心雕龍》長於論理的文章特色。而以駢體著
論的這一特點，也頗受研治中國散文史的學者重視。茲即
舉兩家說法以略見之。如郭預衡《中國散文史》在「文論
家之文」一節中，認爲《文心雕龍》與《詩品》兩書可代
表當時關於文學藝術理論文章的主要成就，並指出：

> 《文心雕龍》是一部系統的理論著作，雖然是以「立

29　同上注，頁393。
30　同上注，頁392-393。

意為宗」，不以「能文為本」，但劉勰著書，卻頗重
文采。其中有些篇章，不僅議論風發，而且吐辭流
麗。……全文結構之嚴密，論證之精審，都比以前
的文論之文前進了一步。其理論的高度且不論，只
從寫作的技術看，也可以稱為一代理論文章的上
品。[31]

主要從文章寫作的角度，充分肯定了其議論風釆之絕妙，
所謂「一代理論文章的上品」，正是看重了《文心雕龍》
長於論理的側面。又如劉衍《中國散文史綱》書中在「散
文的駢化・南朝的駢文與散文」一章中概要歸結謂：

論辯水平最高的駢文作家，當屬劉勰。他的《文心
雕龍》體大思精，不僅對文學領域中所有現象都有
論述，而且對文學創作、文體、風格等基本理論都
作了精微的研究、分析和評論。既有宏觀的概括，
又有微觀的闡發。無論在理論建構的系統性，還是
在語言辭藻的審美性上都達到了空前高度，可以說
是論說文發展的里程碑。[32]

其敘述相當簡要，亦從散文體製的角度，同時點出其書在
文學理論以及語言辭藻上的高度成就，並推崇其文章足為
「論說文發展的里程碑」。

---

31 引見郭預衡：《中國散文史》（上海：上海古籍出版社，1986 年 5
　月），頁 565-566。
32 引見劉衍：《中國散文史綱》（長沙：湖南教育出版社，1994 年 6
　月），頁 168-169。

（四）歸結承先啟後之歷史定位

　　《文心雕龍》既為論文專著，也可謂「晉以下駢體之大宗」[33]，不論是在中國文學理論上或者歷代文章發展上，皆同時享有不可忽視的關鍵地位。駢文學者也多承此而有所論，如金秬香《駢文概論》第三章「晉至陳之駢文」章中論及「《文心雕龍》之駢文」，評述云：

> 其勒成一書，能美善咸歸，洪纖兼劭，納妍越體，逞侈漢博者，則自《文心雕龍》始。

此推讚劉勰以包舉洪纖、辭采妍博的才學撰著《文心雕龍》的始創之功，另又進一步謂：

> 叛局弘富之域，廓基峻爽之衢，騁節八鸞，選聲七律，樹骨於秋幹以立其體，津顏於春華以豐其膚，〈國風〉益其性情，《春秋》授以凡例，《爾雅》助其名物，騷人贈以芬菲，獵奇〈兩京〉，拾珍七子，分膏齊宋，振響齊梁，歷世體製，罔不追摩，六代雲英，此其總匯者已。[34]

此段評語其實大致全襲自清代劉開〈書文心雕龍後〉文中所述，係就其創製宏富、格局峻偉的理論成就，以及取資經史文集等多方根柢，具體加以綜結。點出《文心雕龍》

---

33 語本劉開〈書文心雕龍後〉，引自楊明照：《增訂文心雕龍校注・下・品評第二》（北京：中華書局，2000 年 8 月），頁 654。

34 以上引文見金秬香：《駢文概論》（台北：台灣商務印書館，1967 年 9 月），頁 79。

受往代前賢之滋養沾潤、歷世文家追摹的居中定位，以及其所成就的總匯之業。雖也認為劉勰其書「是見已卓於古人，但體未脫乎時習」，難免六朝文章偏病，然而所謂：

> 墨子錦衣適荊，無損乎儉；子路鼎食於楚，豈足為奢；夫文亦取其是而已，奚得以其俳而棄不重哉？
> 35

此段評語亦全襲用劉開〈書文心雕龍後〉一文之觀點[36]，所秉持的正是「取其是」的客觀態度，對於《文心雕龍》一書承先啓後的歷史定位，有較為明確的揭示。

四、結　語

「駢文」之名雖較晚出，但駢體的寫作卻早已漸行普及，從六朝駢儷成熟之後，更在歷代文學發展中發揮關鍵的影響力。其追求形式的美，代表的是「美文」的傳統，《文心雕龍》在這個脈絡中，正是以美文之體來論評美文的最佳代表。固然劉勰撰著並非專門針對駢文而言，所論也並非全屬駢文理論，然其與六朝美文實難以脫離關係，故從中國駢文史的角度來看《文心雕龍》，亦有其切要性。

　　本章先從中國文學史、文章學的視角下的《文心雕龍》

---

35 同上註，頁 79-80。
36 劉開〈書文心雕龍後〉一文可詳見楊明照：《增訂文心雕龍校注·下·品評第二》，頁 652。

談起，進而檢視其書在駢文史中的描述與評價，可見三種學科論述範圍不同，論述取向亦有所異，對於《文心雕龍》之評價呈現多軌並行的局面。從中不僅可略見其書在不同範圍、不同焦點下的歷史定位，並可探知現當代對於《文心雕龍》接受與評斷情形之大略，而將多種角度拼合並觀，共相彌綸，必可更接近學術史評價之全貌。

　　綜合駢文史諸家所述，可見主要角度與評價有四項：一是僅從文學史層面著眼，評斷《文心雕龍》的理論成就，未將劉勰視爲駢文家，也未從駢文面向進行評斷；二是從理論與批評立場著眼，析評《文心雕龍》駢文文章理論的內涵；三是從文章創作方面，推舉《文心雕龍》駢文創作與論理析事上的傑出成就；四則是兼從上述兩方觀點，同時稱揚《文心雕龍》理論與創作成績，以肯定其承先啓後的歷史定位。四類或互相交疊，或各有偏重，然已大體可見駢文史多元角度選擇下所呈現的《文心雕龍》面貌及其評價方式。

第三章 《文心雕龍》麗辭理論及其實踐

一、前 言

麗辭是駢體文章最基本的元素，也是最主要的行文特徵，在其句式組成中，同時涵括了裁對、隸事、敷藻、調聲等駢體之特質，向來在駢文研究中，一直就是頗為受到關注的課題。劉勰在《文心雕龍》設〈麗辭〉一篇，把偶儷的構句技巧納入創作方法論，提出相當具有系統，且具體切要的觀點，雖其並非專門針對駢體中之對偶而立論，但與駢體寫作卻有直接而密切的關聯性。[1]故就廣義而言，可謂兼具駢體寫作與對偶修辭的理論影響及貢獻。清程杲為孫梅《四六叢話》作序時曾指示駢體寫作之要：

> 要使百鍊千錘，句斟字酌，閱之有璧合珠聯之采，讀之有敲金戛玉之聲，乃為能手。[2]

---

1 如莫山洪〈《文心雕龍‧麗辭》與駢文理論〉一文指出：「〈麗辭〉一則可以說是對與駢文相關的創作方法的探討，而不能完全說是探討駢文的，畢竟，詩歌與辭賦也都有同樣的表現手段。」文見《柳州師專學報》17卷3期，2002年9月，頁2。

2 程杲語見清孫梅：《四六叢話‧後序》，收錄於王水照編：《歷代文話》(上海：復旦大學出版社，2007年11月)，第五冊，頁4227-4228。

可見要擅駢體之能，當在句子之錘鍊、用字之斟酌、偶意之講求、聲律之調協上特予著力，文章方能如珠聯璧合，同時達成聽與讀的多重美感，而「麗辭」正是諸技巧的關鍵要素。故欲進行《文心雕龍》「以駢著論」之探討，對於麗辭理論及其實踐的相關課題，就必然應予以關注。

　　本章先從《文心雕龍》麗辭理論之立論基點、麗辭的發展與運用原則等理論主張談起，從中探究麗辭與駢體各形式要素之間關係，然後再以實際文句為例，考察劉勰如何在行文中落實自己論點，藉以歸結其麗辭理論的實踐特點。這對於《文心雕龍》的駢體風采及駢論成就而言，應能嘗試提供更為具體的觀察點。

二、《文心雕龍》麗辭理論之立論基點

　　《文心雕龍》久享「體大慮周」之譽，其理論貢獻自不拘限一隅，故學者謂其「發揮眾妙」[3]，因此若從不同的角度著眼，當可有助於掘發劉勰以論立言、以言匡正時病的深層意涵。就以〈麗辭〉為中心所建構之麗辭理論來看，李映山指出：

> 劉勰的"麗辭"篇可謂對中國古代駢體文學中對
> 偶現象的全面總結，它體現了古代文藝美學中均

3　清譚獻云：「彥和著書，自成一子，上篇二十五，昭晰群言；下篇二十五，發揮眾妙。」引自　楊明照：《增訂文心雕龍校注》（北京：中華書局，2000 年 8 月），附錄「品評第二」，頁 658。

衡、對稱和多樣統一的美學原則，並且在《文心雕
龍》中，以自身的實踐、豐富和發展了這一美學傳
統。[4]

可略見其麗辭理論在總結與實踐方面所享有之成就。

　　要考察《文心雕龍》麗辭理論的成就，當先從其立論
基點著眼，以深入理解劉勰「爲文之用心」。麗辭之立論基
點可大致從兩方面加以考察：一方面劉勰體察文學技巧發
展實況，基於麗辭本身即是詩文在自然而然之間所形成的
句式法則，屬於寫作技巧的重要環節，勢必應予以論述；
另一方面劉勰亦有針對當時駢儷風氣盛行而立論的用意，
故其立論之出發點及著眼點，其實亦以文學發展之需要爲
主要考量，而未必有擁護提倡或偏好駢儷的特殊用意。黃
季剛對此曾指出：

> 文之有駢儷，因于自然，不以一時一人之言而遂
> 廢。然奇偶之用，變化無方；文質之宜，所施各別。
> 或鑒于對偶之末流，遂謂駢文為下格；或懲于俗流
> 之恣肆，遂謂非駢體不得名文。斯皆拘執于一隅，
> 非閎通之論也。惟彥和此篇所言最合中道。[5]

從而可見劉勰撇開價值取向與固有偏見，追根究柢，從原
理溯本，從時尙著眼，所建立的麗辭理論，最能合於「中

---

4 引見李映山：〈麗句與深采并流　偶意共逸韻俱發 —— 論文心雕龍的
　駢句藝術〉，《中國文學研究》1996 年 2 期，頁 37。
5 引見黃侃：《文心雕龍札記·麗辭第三十五》（台北：文史哲出版社，
　1973 年 6 月），頁 161。

道」,同時也能具有多元的適應性。是以劉勰設專篇以論「麗辭」,是兼從文章原理論述立場以及文學發展需要兩方面進行立論,前者爲「體」,後者爲「用」,其體用並行之論,正能顯現出劉勰立論「發揮眾妙」的一面。

　　先就文章原理的角度來看,劉勰設置〈麗辭〉一篇於〈章句〉之後,似有意延伸「四字密而不促,六字裕而非緩」(〈章句〉)之論,進一步完整探討這種以儷偶句式爲主的文章創作技巧。[6]這種組句形式,從詩到文各種文體,從古至今各個時代,皆相當易見,故劉勰也以「自然成對」的概念,推闡此駢偶語的共通性與普遍性,〈麗辭〉:

> 造化賦形,支體必雙,神理爲用,事不孤立。夫心
> 生文辭,運裁百慮,高下相須,自然成對。

劉勰體察自然化育萬物形貌輒成雙成對,所謂:「體植必兩,辭動有配」,故「心生文辭」時,效仿自然規律,亦求其平衡對稱,故自易形成偶辭儷句。由此可見對偶乃受自然事物啓發,是一種由「造化」或者「神理」主導而生成的客觀規律,這種推原於自然的文章原理,正體現了劉勰「原道」的文學基本思想。另如《文鏡祕府論》也提出相當近似的觀點:

6　王夢鷗云:「爲著構成文句,用中國的文字特色,尤其在文心雕龍作者時代,對偶式的造句最受重視,故於『章句』之下接以『麗辭』篇,只能算是代表那時代文風的特殊意見;倘若按實說來,『麗辭』只是造句上之一形式。」詳參王夢鷗:《文心雕龍:古典文學的奧秘》(台北:時報文化,1987 年 1 月),頁 180。

> 凡為文章，皆須對屬，誠以事不孤立，必有配匹而
> 成。[7]

亦可見對偶實與自然原理暗合，故與劉勰見解頗有一定程度之共識。唯劉勰此處所指「自然成對」實針對駢辭偶語之形成而發，並非指六朝以降風行文壇的駢體之文。駢偶之語是中國語文發展出的一項特質，也是文章寫作時，基於聯想、求平衡對稱的心理，所運用的一種組句技巧，范文瀾對此指出：

> 原麗辭之起，出於人心之能聯想。既思雲從龍，類
> 及風從虎，此正對也。既想西伯幽而演易，類及周
> 旦顯而制禮，此反對也。正反雖殊，其由於聯想一
> 也。人之發言，好趨均平，短長懸殊，不便唇舌；
> 故求字句之齊整，非必待於耦對，而耦對之成，常
> 足以齊整字句。[8]

人心有聯想、字句求齊整，或許是劉勰追根究柢，歸結「自然成對」之文章表達、組辭構句原理的著眼點。

再從文學發展方面來看，六朝時期追求文辭美感表現的趨勢，朝往正向發展，便成為文學自覺的標誌；然若過度刻意於駢辭鋪藻、雕章琢句，而忽略實質內容，則不免朝向負面發展，造成專務形式的不良風氣。就如劉知幾曾

---

7 引見日人弘法大師撰、王利器校注：《文鏡祕府論校注・北卷・論
　對屬》（台北：貫雅文化事業，1991 年 12 月），頁 577。
8 引見范文瀾：《文心雕龍注・麗辭第三十五》（台北：宏業書局，1982
　年 9 月），頁 590。

在《史通》中論評馬班以降史書文章重視駢儷辭采的情形，有謂：

> 自茲以降，史道陵夷，作者蕪音累句，雲蒸泉湧。
> 其為文也，大抵編句不隻，捃句皆雙，修短取均，
> 奇偶相配。故應以一言以蔽之者，輒足為二言；應
> 以三句成文者，必分為四句。彌漫重沓，不知所裁。[9]

其所指「編句不隻，捃句皆雙」、「一言以蔽之者，輒足爲二言；應以三句成文者，必分爲四句」的心態，正是執意追求駢儷而致「蕪音累句」、「彌漫重沓」之弊的主因，其不僅爲史書文章之病，同時也是六朝以降文章深受詬病的實際現象。劉勰面對崇尚文辭藻采的南朝文壇，在綜結、建構理論的同時，也順應當時發展趨勢，予以深入省察，故所謂「古來文章以雕縟成體」（〈序志〉），或者「聖賢書辭，總稱文章，非采而何」（〈情采〉），對文章提出應富有雕飾之文采的觀點，正足見劉勰對於文章辭藻之美的肯定。然而南朝當時文體，在「飾羽尚畫」、「文繡鞶帨」的風氣下，頗有「離本彌甚，將遂訛濫」（〈序志〉），朝向以唯美形式至上發展的負面趨勢，因鑑於「齊梁文勝而質亡」，故劉勰「痛陳其弊」[10]，並決心以積極的態度，從診治文體出發，展開「論古今文體」[11]之志業。駢體即劉

9　引見浦起龍：《史通通釋・敘事第二十二》（台北：里仁書局，1993年 6 月），頁 174。

10　以上文句爲紀昀評語，引見黃叔琳：《文心雕龍輯注・情采第三十一》（台北：中華書局四部叢刊本）。

11　語本《梁書》卷五十「劉勰傳」。

勰所面臨、欲投以關切眼光的主要文體。駢體是以中國語文特性爲基礎發展而成的一種特殊的文章體製，充分呈現了文章對稱、均勻、和諧的極致美感，故劉勰根據駢體的裁對、隸事、敷藻、調聲的重要特徵，在創作論中面面兼顧的同時，也對駢體投以重視的目光，十九篇中如〈麗辭〉、〈事類〉、〈練字〉、〈章句〉、〈聲律〉等篇，均爲與駢體直接相關之專門論述，足可見其對駢體文章發展的關注程度。〈麗辭〉正是駢體相關論述的核心，其他各篇則有各自的論述題旨，然共相彌綸，與〈麗辭〉聯繫並觀，亦可從而得見其頗具系統性的駢體寫作理論。劉勰對於駢體發展至南朝極盛時期，因極力追求文辭駢儷而致內容空洞的「碌碌麗辭」等實際現象，深有切膚之痛，是以提出「自然成對」、「迭用奇偶」、「理圓事密」等創作主張，與全書論點符應，其診治文弊、針對時代需要立言之用意相當明顯，誠如紀昀所謂：

> 駢偶於文家爲下格，然其體則千古不能廢。其在六代，尤爲時尚，故別作一篇論之。[12]

楊明也認爲：

> 南朝正是駢文興盛之時，《文心‧麗辭》之作，順應了時代潮流，是對這種創作傾向的一次總結。[13]

---

12 紀昀評語見黃叔琳：《文心雕龍輯注‧麗辭第三十五》（台北：中華書局四部叢刊本）。
13 引見楊明：《劉勰評傳》（南京：南京大學出版社，2001 年 5 月），頁 158。

由此綜觀，《文心雕龍》麗辭理論從自然原理出發，與時尚趨勢結合，前者是對文章原理的歸納與考察，後者則針對文學發展的現實需要進行立論，兩者互為體用，故其理論之立論基點，除有總結性之外，也具有鮮明的時代性。

三、《文心雕龍》論麗辭之發展

劉勰對於早期行文時見的儷辭偶句現象，以「自然成對」的觀點闡釋，可說是從文化發生的高度著眼，進行文化起源的探索，所秉持的是「原道」的文學觀。至於麗辭初期型態以及其後發展，則本其一貫的「宗經」立場，從經典歸納行文特點並從中取例。如謂：

> 唐虞之世，辭未極文，而皋陶贊云：「罪疑惟輕，功疑惟重。」益陳謨云：「滿招損，謙受益。」豈營麗辭，率然對爾。

劉勰此處舉《書·大禹謨》所見兩則語句為例，說明當時語多簡質，尚不講究藻麗文采，也不刻意經營文辭，所謂麗辭大致在「率然對爾」的情境下，是自然形成的產物。其後發展，劉勰亦本於徵聖立言的理念，從「聖人之妙思」中找尋文例，謂：

> 《易》之文繫，聖人之妙思也。序乾四德，則句句

> 相銜；龍虎類感，則字字相儷；乾坤易簡，則宛轉
> 相承；日月往來，則隔行懸合：雖句字或殊，而偶
> 意一也。

自《周易》之〈文言〉、〈繫辭〉中取材，並將所見對偶句
之組成形式進行概略的區分，〈乾文言〉：

> 元者，善之長也；亨者，嘉之會也；利者，義之和
> 也；貞者，事之幹也。君子體仁足以長人，嘉會足
> 以合禮，利物足以和義，貞固足以幹事。

前半與後半分別以近似句法並排，句意亦前後一一對應相
銜，故曰「句句相銜」。又釋九五爻辭：

> 同聲相應，同氣相求；水流溼，火就燥；雲從龍，
> 風從虎。

此六句兩兩為一組，互相對偶，其中聲與氣、應與求、水
與火、溼與燥、雲與風、龍與虎等字，乃基於心理聯想作
用，各取近同性質之字相對以成儷偶句，故謂之「字字相
儷」。另如以下兩例：

> 乾道成男，坤道成女；乾知大始，坤作成物；乾以
> 易知，坤以簡能；易則易知，簡則易從；易知則有
> 親，易從則有功；有親則可久，有功則可大；可久
> 則賢人之德，可大則賢人之業。（〈繫辭〉上）

> 日往則月來，月往則日來，日月相推而明生焉。

　　　寒往則暑來，暑往則寒來，寒暑相推而歲成焉。(〈繫
　　　辭〉下)

前者每兩句爲一組對句，分述乾、坤之德業大用，文意由
前入後，逐層遞進，達到「宛轉相承」的效果。後者則是
前三句與後三句隔行成對，日月與寒暑遙相應合，故爲「隔
行懸合」。前者即單句對，後者則爲所謂的長偶對。可見麗
辭在聖人妙思巧筆之下，配合表達需要，漸發展出不同的
構句形式。

　　其次，爲先秦時代，如《詩經》以四言爲主而參以雜
言的詩句，形式尚稱自由；《左傳》、《國語》等典籍記載列
國大夫外交朝聘應對往答言辭中，均時見偶章聯辭，然劉
勰以爲這些奇偶文句的運用多順情意表達需要，任其自
然，並非刻意經營而致，故綜結曰「奇偶適變，不勞經營」。

　　再者，則爲兩漢時代，揚雄、司馬相如、張衡、蔡邕
等辭賦家，鋪采摛文，著意經營辭章，以鋪張爲能事，更
有意識地在辭賦作品中排疊麗辭，劉勰以此爲「刻形鏤
法」，強調其遣辭整飾之工巧。其後至魏晉時期，在文章中
更加講求語句的工整、下字的相稱、音律之協調，其創作
處處以「析句彌密，聯字合趣，剖毫析釐」爲習，以充分
展現雕章琢句之麗辭藻采。然而追求極致美感，可能產生
兩種不同的效果，「契機者」適切巧妙，可發揮「麗句與深
采並流，偶意共逸韻俱發」的藝術效果；而「浮假者」則
不免因矯飾造作而情意浮泛，其趨勢如劉師培所指：「以聲

色相矜，以藻繪相飾，靡曼纖冶，致失本真」[14]，麗辭漸
失原有之自然本性，所謂「不勞經營」的精神至此被破壞，
而成爲僵化形式。可見「契機」、「浮假」實爲劉勰對於麗
辭優劣之判定標準。進一步而言，所謂「契機」、「浮假」
當以表達是否切合內容思想爲據，否則僅專注在字句上的
「剖毫析釐」，便不免流爲「浮假」。而至於如何「契機」，
也就成了劉勰所關注的一個焦點。

　　由上述劉勰論麗辭之發展，大致區分爲三個時期，先
是從早期「豈營麗辭，率然對爾」，意先語後，以達意爲主
的三代時期；再者爲「奇偶適變，不勞經營」，奇偶任其自
然的先秦時期；然後則是「崇盛麗辭」、「析句彌密」的兩
漢魏晉時期，其進程由不自覺到自覺，由不經意至刻意，
由任自然到重雕飾，確實呈現了「時運交移，質文代變」
（〈時序〉）的文學發展現象。而劉勰由麗辭趨勢論文學之
發展，既呈現了創作現象的積累作用，也藉以對文壇現象
加以反思，由此更可見劉勰立論出發基點與文學現實密切
結合，並非泛論之空談。

四、《文心雕龍》論麗辭之
類型及運用原則

　　劉勰有鑒於南朝時文漸走向專務辭藻形式之途，致使

---

14 引見劉師培：《論文雜記》（台北：廣文書局，1970 年 10 月），頁
　7。

內涵貧乏，文風衰弊，遂決心追根究柢，從理論面提出正則及導正之方，以診治駢體之弊。他並不反對辭采，但更重視辭采的自然與合宜表現，是故《文心雕龍》對於麗辭之運用，也就兼顧駢體表達的原理與時代性，舉凡類型、優劣及疵病等，皆有所揭櫫，對於如何能妥當運用的要領，提出了具體而有系統的原則。

（一）麗辭之體，凡有四對

　　除前述「句句相銜」、「字字相儷」、「宛轉相承」、「隔行懸合」等句式，劉勰更進一步依據用事與否、命意異同兩方面的標準，分析麗辭有四種體例類型：

> 言對為易，事對為難，反對為優，正對為劣。言對者，雙比空辭者也；事對者，並舉人驗者也；反對者，理殊趣合者也；正對者，事異義同者也。

言對者，句中不引典故事例，全由直寫，是為「雙比空辭」；事對者，則需用典故事例相對，故為「並舉人驗」；反對是用不同事物相互映襯，事例相反卻旨趣暗合，故為「理殊趣合」；正對則是將並列事物相對，兩句表達一意，故為「事異義同」。所概括的類型簡明切要，其後則有唐上官儀六對、皎然八對、《文鏡祕府論》之二十九種對等各種分類法，更趨於繁瑣細密，然推其源，劉勰此論實具有一定的開創性，正如學者所評：

> 劉勰在《文心雕龍‧麗辭篇》中把對句分為四類，

> 這一點在對句理論史上應該說是建立了極大的功
> 績，因為這是最早期的對句論，而且觀點深中正鵠。[15]

> 歷史上第一個對對偶進行分類，首創之功還是應該
> 肯定的。[16]

其首創之功不宜忽視。至於這四種類型之所以為難易優
劣，劉勰進一步評斷闡釋云：

> 凡偶辭胸臆，言對所以為易也；徵人資學，事對所
> 以為難也；幽顯同志，反對所以為優也；並貴共心，
> 正對所以為劣也。

事對得捃摭經史、徵引故實，比起言對而言，更需要廣博
學識，故較難，這符合實情，也可能是劉勰就自身寫作經
驗所歸納出的心得。而「正對是相同內容的並列，反對則
是相反旨趣的對比」[17]，因此反對可藉對比以達反襯的效
果，因語婉意豐，自然較辭複意重的正對，更具變化之妙，
故表達效果顯得較優。然而這四種對句其實各有巧妙，在
文章中相互搭配，貼切使用，對於文意表達而言，必可發
揮重要功能。

（二）麗辭四病

---

15 引見古田敬一：《中國文學的對句藝術》（台北：祺齡出版社，1994
　 年9月），頁43。
16 引見易蒲、李金苓：《漢語修辭學史綱》（吉林：吉林教育出版社，
　 1989年5月），頁157.
17 引見古田敬一：《中國文學的對句藝術》，頁43。

　　關於麗辭之運用，要能「契機入巧」，以免失之瑕疵，故劉勰具體歸納出麗辭可能出現的四種病癥：

　　一是重出，此即正對中詞義重覆所造成「事異義同」之病，〈鎔裁〉亦謂：「一意兩出，義之駢枝也；同辭重句，文之肬贅也。」劉勰在此舉張華詩：「遊鴈比翼翔，歸鴻知接翮」以及劉琨詩：「宣尼悲獲麟，西狩泣孔丘」為例，前者鴈、鴻同類，比翼、接翮同義，俱有並翅而飛意；後者宣尼即孔丘、獲麟、西狩為同一事，皆辭複意疊，如同合掌，自易形成意義上之駢贅，這是對偶乃至駢體皆頗受人訾議之病[18]，故劉勰將此置於四病之首。

　　二為不均，言對以辭語之精鍊靈巧為貴，事對則以典實用意妥貼為先，倘若兩句搭配優劣不均，此精而彼劣，或上妙而下拙，有違平衡對稱之美，故難稱佳對。

　　三為孤立，若文句之取事用典，無相類事例與之相扶相映，則形同孤證，無法產生儷偶對稱之效果，故理當避免。所謂「理資配主，辭忌失朋」（〈章句〉贊），正與此理相應。

　　四為庸冗，劉勰以為：「若氣無奇類，文乏異采，碌碌麗辭，則昏睡耳目」，指出駢體之文若無生動之氣，缺乏殊異文采，徒事堆砌或雕飾，則雖藻麗卻不免庸冗，難以產生動人的美感。可見麗辭不單純只是運用技巧層面的問題，劉勰認為麗辭要避免庸冗，必須講求「奇類」與「異采」，因為這無疑是達成「精末兼載」、「炳爍聯華」，具有

---

18 黃師慶萱即謂：「意涉合掌，是對偶大病。」見《修辭學》（台北：三民書局，2002 年 10 月增訂三版），第三篇第二章，頁 626。

豐富文學表現力之駢體語言的重要因素。

上述四病，係從消極面而言，能力避此四病，麗辭自有可觀。劉勰更進而從積極面總結麗辭之運用要領，指出：

> 必使理圓事密，聯璧其章，迭用奇偶，節以雜佩，乃其貴耳。

劉勰在情采並重的創作原則下，強調麗辭除追求「炳爍聯華」、「玉潤雙流」的藻飾及聲律等的形式文采之外，更不可忽略事理表達的邏輯性，故「理圓事密」正是矯麗辭之枉，以期兼顧文質表裡的創作理想。至於在行文上，劉勰則從「率然對爾」、「奇偶適變，不勞經營」等發展事實，重申「迭用奇偶」之旨，其意在以駢偶參雜互見之法，使棄偶用奇或專崇偶對的極端主張能得到折衷調和[19]，而文章也因而能更顯得靈活而不僵滯，「適變」當是其中關鍵。對此程兆熊謂：

> 「理圓事密」，則有其文辭上之調和與統一之美。
> 「迭用奇偶」，則有其文辭上之平衡與變化之美。[20]

表達能兼備調和、統一、平衡、變化等美學原則，文章自能卓爾出群。奚彤雲亦以為：

---

19 黃侃云：「『迭用奇偶，節以雜佩』明綴文之士用奇用偶勿師成心，或捨偶用奇，或專崇儷對，皆非為文之正軌。舍人之言明白如此，真可以息兩家之紛難，總殊軌而齊歸者矣。」詳參《文心雕龍札記‧麗辭第三十五》（台北：文史哲出版社，1973年6月），頁161。
20 引見程兆熊：《文心雕龍講義》（香港：鵝湖出版社，1962年3月），頁108。

> 劉勰已經認識到，文章光用駢偶，既顯得單調，又
> 會使創作帶有不自然的成分，所以他並不排斥散句
> 的存在。這種觀念對駢文寫作而言，是明智的。[21]

由此可見劉勰論麗辭之運用，所持實為相當通達的審美標
準，而且不僅可適用駢體，即使對於後世散文技巧來說，
也有一定的啟示作用。陳松雄曾歸結云：

> 劉勰之言，最為閎通，不滯於師心成見，亦不流於
> 甚泰極端，誠折中之言，無私無偏者也。[22]

即從劉勰折衷持平之態度著眼，充分肯定其麗辭理論的閎
通識見與價值。

五、《文心雕龍》麗辭理論之實踐特點

裁對工整是麗辭本身的基本組成特徵，仍需有隸事、
敷藻、調聲等行文技巧與之密切配合，方能成就駢體之特
長，而這些要素卻同時易成為行文的多重限制。是故要使
內容表述與形式之美得以兼顧，一切恰如其分，應當是個
理想。此誠如王瑤謂：

> 駢文的極致是在竭力顧全和製造聲色麗語等形式

---

21 引見奚彤雲：《中國古代駢文批評史稿》（上海：華東師範大學出
　版社，2006 年 10 月），第二章，頁 25。
22 引見陳松雄：《齊梁麗辭衡論》（台北：文史哲出版社，1986 年 1
　月），第二章第一節，頁 109。

　　美的條件下，而又使這些形式的規律不至妨礙到意
　　義內容的表現；要使駢體如散文一樣地流暢自然，
　　而又能作到駢體所要求的各種限制和規律。[23]

依此而言，劉勰如何在這些刻意經營的形式中，本著文章
「契機入巧」之則，恰如其分進行表意功能，並力求自我
理論的落實，實踐「理圓事密」的理想，此正是《文心雕
龍》理論的重要價值，亦當值得做進一步的考察。以下就
目前所見，擇其中尤要者，分項說明如下：

（一）奇偶迭用，以錯落為貴

　　《文心雕龍》行文固以駢儷句為主，然並不同於後世
之駢四儷六。劉勰提出「迭用奇偶，節以雜佩」的理念，
其為文之際，亦力求奉行「適變」之則，兼用駢散。駢句
於鋪敘處發揮共行同馳、上下輝映及增強文勢的效果；散
句則總結上文、開啟下文，單陳直敘作為調節[24]。駢句典
雅整練，而散句流利暢達，兩者「參互錯綜而用之，則氣
振而骨植，且無單調之病，而有變化之妙」[25]，能開駢辭
儷體之佳境。先以〈詮賦〉末段為例：

---

23 引見王瑤：〈徐庾與駢體〉，《中古文學史論》（北京：北京大學出
　　版社，1998 年 1 月），頁 337。
24 如于景祥〈文心雕龍以駢體論文是非辨〉一文中指出劉勰採取駢
　　散結合之法行文，總結前文用散、引發下文用散、解釋詞語多用
　　散語、敘述事情多用散語、雜用單行散句承轉文氣等。文見《文
　　學評論》2007 年 5 期，頁 139。
25 引見金兆梓：《實用國文修辭學》（台北：文史哲出版社，1977 年
　　12 月），第五章，頁 119。

> 原夫登高之旨，蓋覩物興情。情以物興，故義必明
> 雅；物以情覩，故詞必巧麗。麗詞雅義，符采相勝，
> 如組織之品朱紫，畫繪之差玄黃，文雖雜而有質，
> 色雖糅而有儀，此立賦之大體也。然逐末之儔，蔑
> 棄其本，雖讀千賦，愈惑體要；遂使繁華損枝，膏
> 腴害骨，無實風軌，莫益勸戒：此揚子所以追悔於
> 雕蟲，貽誚於霧縠者也。

此段中「情以物興」兩句與「物以情覩」兩句爲隔句對，「組
織」與「畫繪」兩句、「文雖雜」與「色雖糅」兩句、「繁
華損枝」與「膏腴害骨」兩句、「無實風軌」與「莫益勸戒」
兩句、「追悔」與「貽誚」兩句皆爲單句對，餘則爲散行語
句。散句或爲上文收束，如「此立賦之大體也」一句；或
爲承上啓下，如「麗詞雅義，符采相勝」、「逐末之儔」等
句。在奇偶單複參互交錯之中，行文因而顯得更爲靈活，
富於變化。再如〈情采〉：

> 夫水性虛而淪漪結，木體實而花萼振，文附質也。
> 虎豹無文，則鞹同犬羊；犀兕有皮，而色資丹漆，
> 質待文也。若乃綜述性靈，敷寫器象，鏤心鳥跡之
> 中，織辭魚網之上，其爲彪炳，縟采名矣。故立文
> 之道，其理有三：一曰形文，五色是也；二曰聲文，
> 五音是也；三曰情文，五性是也。五色雜而成黼黻，
> 五音比而成韶夏，五性發而爲辭章，神理之數也。

此段「虎豹」兩句與「犀兕」兩句爲隔句對，而「水性」

與「木體」兩句、「綜述性靈」與「敷寫器象」兩句、「鏤
心」與「織辭」兩句則為單句對。另「文附質也」、「質待
文也」為對舉而用的散句,「其為彪炳,縟采名矣」則以散
句收束上文。接著「一曰形文」、「二曰聲文」、「三曰情文」
以及「五色」、「五音」、「五性」等分別以排句接續直下,
最後「神理之數也」總結上文。即使旨在論述文采並重之
理,但其單偶參用、偶中見散、整中有奇的多樣式構句方
法,也增添了理論形式的修辭效果及表述的生動性。清程
杲在孫梅《四六叢話·後序》指出:

> 一篇中,須以單偶參用,方見流宕之致。[26]

孫德謙也認為:

> 駢體之中,使無散行,則其氣不能疏逸,而敘事亦
> 不清晰。駢文之中,苟無散句,則意理不顯。[27]

從《文心雕龍》整體行文來看,正能與後世駢文學者所提
挈之諸理相印證。是以梁祖萍謂:

> 劉勰《文心雕龍》50篇,均為駢文,亦時而奇偶互
> 用,唯取其適,實際上提倡駢文中夾雜著散句,他
> 的創作實踐也是他的審美追求。[28]

---

26 程杲語見清孫梅:《四六叢話·後序》,收錄於王水照編:《歷代文
　　話》(上海:復旦大學出版社,2007年11月),第五冊,頁4227。
27 引見清孫德謙:《六朝麗指》(台北:新興書局,1963年11月),
　　頁37、50。
28 引見梁祖萍:〈從《文心雕龍·麗辭》看劉勰所推崇的駢文〉,《寧
　　夏社會科學》135期,2006年3月,頁152。

由上引諸例，可見劉勰審美理論與實踐之間，實能互相照
應，其關聯是相當密切的。

（二）長短變化，以應機為節

四字句、六字句為駢儷之文常用的基本句型，關於
此，劉勰在〈章句〉指出：

> 四字密而不促，六字裕而非緩，或變之以三、五，
> 蓋應機之權節也。

四字句多為二、二停頓之節奏，不像三言句過於短促而句
意又可表達完整，故為「密而不促」；而六字句屬於長句，
較四字句又更具表現力，不論是意義的充實，或是就節奏
的變化而言，確能展現語氣舒緩的一面。四字與六字皆偶
數音節，在音律表現上不促不緩，但為避免句型一再重複
而致單調，故也可加入其他如三、五屬於單數音節的句式，
作為聲氣之調節。如〈明詩〉：

> 暨建安之初，五言騰躍。文帝陳思，縱轡以騁節；
> 王徐應劉，望路而爭驅。並憐風月，狎池苑，述恩
> 榮，敘酣宴，慷慨以任氣，磊落以使才；造懷指事，
> 不求纖密之巧；驅辭逐貌，唯取昭晰之能，此其所
> 同也。及正始明道，詩雜仙心，何晏之徒，率多浮
> 淺。唯嵇志清峻，阮旨遙深，故能標焉。

此段由連續排偶句式組成，先以四言散句總起，接著依序
為「四五－四五」之隔句對、四個三言排句、「五－五」之

單句對、「四六－四六」之隔句對，後以散句承上收束，「及
正始明道」啓引下文，再接著連續多句四言散句及一組偶
句。其中四言、五言、三言、五言、四言、六言、四言交
錯運用，句式或短或長，在促與緩之間，變換有致，極盡
錯綜之妙。再如〈通變〉：

> 夫設文之體有常，變文之數無方，何以明其然耶？
> 凡詩賦書記，名理相因，此有常之體也；文辭氣力，
> 通變則久，此無方之數也。名理有常，體必資於故
> 實；通變無方，數必酌於新聲。故能騁無窮之路，
> 飲不竭之源。然綆短者銜渴，足疲者輟塗，非文理
> 之數盡，乃通變之術疏耳。故論文之方，譬諸草木，
> 根幹麗土而同性，臭味晞陽而異品矣。

此段由七組對偶句組成，也皆為《文心雕龍》常見句型。
首先為「六－六」之單句對，接著是「四－四－六」之長
偶對，再來為「四六－四六」之隔句對、「五－五」之單句
對、「六－六」之單句對，最後則以一組七字對收結。其四
言、五言、六言、七言等長短句型皆具，且單句對與隔句
對交錯，奇數字句與偶數字句並用，其間再夾雜幾句散行
句，使整段讀來整齊中亦有疏落，經營中見自然，故即使
接連不斷的對偶鋪排，也能產生多樣生動之感，此當是「應
機」之表現也。

（三）寬嚴互見，以自然為則

駢體行文雖多為對句，但實無法比照對聯，在「一三

五不論，二四六分清」等構句規律中，追求絕對的平仄相協，且若句句皆出以平仄嚴整之工對，則文意表達勢必受到更多限制，所欲表述之內涵也必然得有所折損。故《文心雕龍》行文以表意爲首要，其平仄之安排，並不似頂峰時期如徐陵、庾信之典型駢儷文，追求字字對仗精工，而是在寬嚴之間亦略見彈性，大致展現了「自然成對」的精神。以下舉文句爲例說明，如〈時序〉：（字下方。表平，‧表仄）

> 齊開莊衢之第，楚廣蘭臺之宮，孟軻賓館，荀卿宰邑，故稷下扇其清風，蘭陵鬱其茂俗；鄒子以談天飛譽，騶奭以雕龍馳響；屈平聯藻於日月，宋玉交彩於風雲。

此則引文由連續五組對句組成，其中音節或關鍵字如「開」與「廣」、「第」與「宮」、「清風」與「茂俗」、「屈平」與「宋玉」、「日月」與「風雲」等，皆符合平仄相對之原則；而「衢」與「臺」、「館」與「邑」、「扇」與「鬱」、「談天飛譽」與「雕龍馳響」、「聯藻」與「交彩」等，則平與仄未能完全嚴格相對，大致呈現爲較寬鬆的對偶方式。再如同篇之中的幾組對偶文句：

> 集雕篆之軼材，發綺縠之高喻。

美玉屑之譚，清金馬之路。

傲雅觴豆之前，雍容衽席之上。

詩必柱下之旨歸，賦乃漆園之義疏。

王袁聯宗以龍章，顏謝重葉以鳳采。

上列文句兩兩平仄對仗極為工整，可謂嚴對，又從而呈現出劉勰對遣詞用字講究情形之一斑。故從單組句子來看，《文心雕龍》行文時有平仄對仗嚴整之句，但又不句句執意於嚴對，因而全篇大致形成寬嚴互見的構句特色。

（四）用舊合機，以融合為妙

隸事用典雖不是駢體行文的必備條件，但由於既可展現作者浩博高雅之文章學養，也豐富文辭典奧之內涵，因而運用得相當普遍，成為駢儷文章的重要技巧。劉永濟指出：

> 用典所貴，在於切意。切意之典，約有三美：一則意婉而盡，二則藻麗而富，三則氣暢而凝。[29]

可見合機切意之典，可使意旨深婉，辭藻富麗，文氣暢達，作用甚大。劉勰對此，也頗表鄭重，設〈事類〉一篇專論之。從《文心雕龍》文章來看，劉勰才高學富，博覽精閱，

---

29 引見劉永濟：《文心雕龍校釋‧麗辭第三十五》（台北：華正書局，1981 年 10 月），頁 140。

對於經典子史要籍多已稔熟於胸臆，是故行文造語之際，皆能意到筆隨，前賢文辭在其筆下，驅遣自如，既不致一覽而盡，也不隱晦難解，頗能達到文句與事典融合，可說是所謂「用舊合機，不啻自其口出」、「用人若己」之理想的力行實踐者。以下舉幾則文句為例說明，如〈宗經〉：

> 道心惟微，聖謨卓絕，牆宇重峻，吐納自深。譬萬鈞之洪鍾，無錚錚之細響矣。

段中「道心惟微」一語典出《偽古文尚書·大禹謨》：「人心惟危，道心惟微。」「牆宇重峻」則喻聖人道德學問之既高且深，其語典出《論語·子張》：

> 子貢曰：「譬之宮牆，……夫子之牆數仞，不得其門而入，不見宗廟之美，百官之富。」

其行文或直接摘自典籍，或將典籍語彙加以化用，力求若自口出，即使不明典出自何處，亦不致妨礙意義之理解，此即所謂「用人若己」的表現。又如〈鎔裁〉：

> 裁則蕪穢不生，鎔則綱領昭暢，譬繩墨之審分，斧斤之斲削矣。駢拇枝指，由侈於性，附贅懸肬，實侈於形。一意兩出，義之駢枝也；同辭重句，文之肬贅也。

此論文辭表達應力求長短繁簡適度，贅詞累句如同身體多餘的駢拇枝指與贅肬。其典出自《莊子·駢拇》：

> 駢拇枝指，出乎性哉，而侈於德；附贅懸疣，出乎
> 形哉，而侈於性。

劉勰在此將《莊子》自然思想予以轉化，以用於論述文章
需要鎔裁之理，其論旨不同，而文句相當近似，幾組對偶
句子在劉勰筆下，尤覺自然渾成。如〈夸飾〉：

> 是以言峻則嵩高極天，論狹則河不容舠，說多則子
> 孫千億，稱少則民靡孑遺；襄陵舉滔天之目，倒戈
> 立漂杵之論。辭雖已甚，其義無害也。

此段舉例說明夸飾之辭的效果，以連續三組對偶句組成，
前兩組取材自《詩經》，後一組則取自《尚書》。就以取
材自《詩經》之兩組四句來看，其文句原本出處為：

> 《詩經·大雅·嵩高》：「嵩高維嶽，駿極於天。」
> 《詩經·鄘風·河廣》：「誰謂河廣？曾不容舠。」
> 《詩經·大雅·假樂》：「干祿百福，子孫千億。」
> 《詩經·大雅·雲漢》：「周餘黎民，靡有孑遺。」

此足見劉勰對於《詩經》極為熟稔，故信手拈來，稍經剪
裁，即成佳例，雖行文「全引成辭以明理」（〈事類〉），但
句意顯明易曉，即使不一一考究典出何處，亦不致影響理
解，其暗引效果相當成功。再如〈指瑕〉：

> 若掠人美辭，以為己力，寶玉大弓，終非其有。

句中「以為己力」，語出《左傳·僖公二十四年》：

> 天實置之，而二三子以為己力，不亦誣乎？竊人之
> 財，猶謂之盜，況貪天之功以為己力乎？

另「寶玉大弓」一語則本自《春秋》中陽虎盜物之事，此
事見於《春秋・定公八年》：「盜竊寶玉大弓。」劉勰在此
連續徵引經籍之典，以喻稱為文剽竊之瑕病，其典事與出
語交融，相當流利自然，如從口出。

　　由上述諸例，可見劉勰在用典之際，講究鎔裁精鍊，
避免奧澀，並力循「用舊合機」的原則，使文句靈活自然，
這是《文心雕龍》駢體能兼重表意功能的一項特色。于景
祥《中國駢文通史》歸納說：

> 劉勰用典，不僅恰當合適，而且還妙於融化。雖然
> 是援古證今，但卻自然妥貼，如同己出，同自己的
> 文章水乳交融，絕無生澀古奧之病，真正做到了他
> 所說的「用舊合機，不啻自其口出」。……可見劉
> 勰用典功力之深。[30]

可見駢文學者對於劉勰積學儲寶，為文能妙於用典的特點
及功力也推崇備至。

（五）語助餘聲，得彌縫之巧

　　駢儷之文要能達通暢流利之境，除善得「潛氣內轉」
之妙訣[31]，另則得適時加入虛字，方能使上下承轉順當。

30　引見于景祥：《中國駢文通史》（長春：吉林人民出版社，2002 年
　　1 月），頁 387。

31　「潛氣內轉」係指駢體行文文氣特徵，語出朱一新《無邪堂答問》，

關於虛字之用，劉勰謂之「語助餘聲」、「外字」，在〈章句〉
論述云：

> 「夫惟蓋故」者，發端之首唱；「之而於以」者，
> 乃劄句之舊體；「乎哉矣也」者，亦送末之常科。
> 據事似閑，在用實切。巧者迴運，彌縫文體，將令
> 數句之外，得一字之助矣。

劉勰將「語助餘聲」區分為三類：「發端之首唱」冠於句首，
可用於發語；「劄句之舊體」插於句中，可連綴文辭；「送
末之常科」則用於句末，可助結語氣。此三者若運用得當，
能「彌縫文體」，發揮彌補縫合文辭之妙。清孫德謙曾指出：

> 作駢文而全用排偶，文氣易致窒塞，即對句之中，
> 亦當少加虛字，使之動宕。
> 夫文而用駢體，人徒知華麗為貴，不知六朝之妙，
> 全在一篇之內能用虛字，使之流通。[32]

可見虛字在駢體文章中疏通文氣的作用。《文心雕龍》雖以
駢儷行文，仍斟酌實際需要，適時運用虛字來順暢文勢、
調節辭氣。先以〈總術〉中之段落為例：

> 夫不截盤根，無以驗利器；不剖窾奧，無以辨通才。

另孫德謙《六朝麗指》亦有轉載，概略云：「『上抗下墜，潛氣內
轉』，於是六朝真訣益能領悟矣。蓋余初讀六朝文，往往見其上下
文氣似不相接，而又若作轉，不解其故，得此說乃恍然也。」見
清孫德謙：《六朝麗指》（台北：新興書局，1963 年 11 月），頁 15。
32 引見清孫德謙：《六朝麗指》（台北：新興書局，1963 年 11 月），
頁 21 及 56。

才之能通，必資曉術，自非圓鑒區域，大判條例，
豈能控引情源，制勝文苑哉！是以執術馭篇，似善
弈之窮數；棄術任心，如博塞之邀遇。故博塞之文，
借巧儻來，雖前驅有功，而後援難繼，少既無以相
接，多亦不知所刪，乃多少之並惑，何妍蚩之能制
乎！

此論為文必須通曉文術之理。段中虛字之運用頗為更迭多
致。「夫」、「是以」、「故」等，作用在於「發端」，使前後
傳承的因果關聯更為顯明；「哉」、「乎」等，作用在於「送
末」，在句尾詰問以示傳疑之意。另外，配合「不—無以—」、
「自非—豈能—」、「雖—而—」、「既—亦—」、「乃—何—」
等多樣式句型的間雜並用，使文章承遞緊密，邏輯清晰。
全段脈絡銜承順適條暢，文意也在虛字的巧妙彌縫下，推
展得流利無礙。

另一方面，「發端之首唱」或謂為「領字」，在駢體體
製中所發揮的作用尤不可輕忽，莫道才《駢文通論》對此
指出：

領字在駢文中是不可缺少的。單靠對偶的駢體達到
層次的流暢連貫不易做到，所以須有領起的文
詞。……它是駢文結構形式中一個不可忽略的方
面。領字以嘆詞、連詞、發語詞等詞類使用頻率最
高。它們在駢文作品中具有調節文氣、推進層次展

開不可替代的作用。[33]

「領字」屬於文章中之「游離構形」[34]，非屬正文，但作為發端之語，則可發揮引領下文的功能。這在《文心雕龍》的文體論諸篇呈現最為明顯。如〈樂府〉對歷代樂府發展狀況略云：

> 自雅聲浸微，溺音騰沸。秦燔樂經，漢初紹復，……。暨武帝崇禮，始立樂府，……至宣帝雅詩，頗效鹿鳴。逮及元成，稍廣淫樂，正音乖俗，其難也如此。暨後漢郊廟，惟新雅章，……。至於魏之三祖，氣爽才麗，宰割辭調，音靡節平。……逮於晉世，則傅玄曉音，創定雅歌，以詠祖宗；張華新篇，亦充庭萬。

段中從先秦一路論至魏晉，除標示朝代外，更加上「領字」，如先後用「自」、「暨」、「至」、「逮及」、「暨」、「至於」、「逮於」等，一則作為上下之引領與銜承，一則可推進行文層次。王師更生針對此亦特別指出：

> 類似這些關鍵性的字眼，無一不有穿鍼引線的功能，讀者得之，可以執簡馭繁，有事半功倍的效驗。[35]

---

33 引見莫道才：《駢文通論》（南寧：廣西教育出版社，1994 年 3 月），第四章，頁 55。
34 「游離構形」包括領、襯、夾等三種句式成分，詳參莫道才：《駢文通論》（南寧：廣西教育出版社，1994 年 3 月），第四章，頁 53-59。
35 引見王師更生：《文心雕龍讀本‧文心雕龍總論》（台北：文史哲出版社，1985 年 4 月），頁 32。

凡此可見「語助餘聲」如同彌縫章句的針線，對於文意的
密合、文勢的緊湊而言，當有不容輕忽的作用。

　　綜合上述特點可知，《文心雕龍》行文並非標準之駢
體文，亦未拘執於駢四儷六之制式化體式，其確以奉行「迭
用奇偶」為則，為麗辭這一文學技巧，從理論到實踐，立
下了標竿。于景祥作了如此的歸結：

> 　在駢散結合上，也是一千多年前的劉勰開了先河，
> 成為傑出的先行者。可以這樣說：從具體篇章中駢
> 語與散語量的對比上，《文心雕龍》總體上是駢體，
> 因為駢語居多；如果從具體篇章的語言風貌和氣勢
> 格調上看，《文心雕龍》則是駢散結合體，因為它
> 既具有駢體的藝術形式之美，又有散體的自然流動
> 之美，合駢散之兩長，而避其所短，把漢語言文字
> 的功能發揮到了極高的境界，收到了極好的效果。[36]

對於劉勰駢散合轍正面實績所給予的評議與肯定，應是合
於事實，可以讓人認同的。

六、結　語

　　麗辭是駢體的重要特徵，也是必備的行文技巧，除在
句型上要求裁對整齊之外，必需同時講究隸事用典、敷陳

36　引見于景祥：〈文心雕龍以駢體論文是非辨〉，《文學評論》2007 年
　　5 期，頁 142。

辭藻、調和聲律等，方能符合駢儷形式體製之特點。

　　本章主要以麗辭爲著眼點，但其中亦兼及用典、辭采、聲律等駢體的其他要素。[37]從《文心雕龍》麗辭理論之立論基點、麗辭的發展、麗辭之類型、麗辭之病等理論要點談起，另也舉文句實例，考察劉勰在行文中對自己論點實踐的情形，大致歸結其麗辭的表現特點主要有五：一是奇偶迭用，以錯落爲貴；二是長短變化，以應機爲節；三是寬嚴互見，以自然爲則；四是用舊合機，以融合爲妙；五則是語助餘聲，得彌縫之巧。由此可見劉勰以駢體麗辭論述文理，除在行文之際兼顧各形式要素的同時，也秉持「自然成對」、「率然對爾」、「不勞經營」等創作理念，是故《文心雕龍》的麗辭，一方面有助於「理圓事密」理想的達成，另也因而呈現了較爲靈活而不僵滯的「異采」。

　　劉勰建立麗辭理論，既是對文章對偶現象的省察與總結，也是針對時代文風而發的忠言讜論，他不僅提出理論，更進而將理論付諸行文實踐，這在以「聯字合趣」爲風習的六朝創作現實而言，無疑有相當高度的進步意義，至於其「以駢著論」所建立的示範作用，也是值得肯定的。

---

37 相關論述，可詳參拙著：《劉勰文心雕龍文章藝術析論》（台北：國立台灣師範大學國文研究所博士論文，2003 年 1 月），第六章〈文心雕龍之修辭藝術〉、第七章第一節〈文心雕龍之聲情藝術 —— 聲文之美〉，對於用典、辭采、聲律等理論主張及其藝術表現，有較爲完整的論述。本書則暫不一一重予詳論。

第四章 《文心雕龍》駢體句式及其論理特質之考察

一、前 言

　　南朝是中國文學史上駢儷文風鼎盛時期，劉勰在撰著之際，也順應文學時勢採用以駢儷為主的體式，進行文章原理的論述，故《文心雕龍》各篇所運用駢句的比例相當高，駢儷之氣息也相當濃厚。前人評謂《文心雕龍》「語駢儷則合璧連珠，談芬芳則佩蘭紉蕙，酌聲而音合金匏，絢采而文成黼黻」[1]，即從辭章經營的角度盛讚其書語如聯璧、聲采絢麗的駢儷之美。然劉勰運用駢偶句行文，除了營造形式上的詩化美感之外，其實也有意配合說理的需要，將各種特殊且多變化的句式，穿插於各篇章行文之中，豐富了文章表現力，並在相當程度上發揮了輔助論析事理的功能，由此可知駢體不僅只是追求美感或者藝術表現的篇章形式。這種既具詩性，又展現理性的論述體製，正可

---

1 語見明朱載堉序徐渤《文心雕龍》批校本，引自楊明照：《增訂文心雕龍校注》（北京：中華書局，2000 年 8 月），附錄「序跋第七」，頁 957。

突顯《文心雕龍》「以駢著論」的一項重要特點。而劉勰能自我樹立，以文運理，以理統文，也與追求形式唯美爲主要導向之駢儷文表現殊異。

　　本章透過「以駢著論」的辭章學角度，以《文心雕龍》篇章中基本以及幾種較爲特殊的駢儷句型爲考察對象，探究駢句之表述形式、表達特質與論理功能之間的可能關係，進而推證劉勰實能善用駢句優勢，使《文心雕龍》不僅具敷陳之長，其駢體也有利於析理的一面。

二、從對偶談駢句之詩性與理性

　　對偶是在寫作時基於聯想、求均齊的心理，以使字句齊整的手法，係充分運用中國語文特性而發展出的一項獨特現象，也是詩文中常見的一種修辭技巧，其應用範圍相當廣泛，這種錘鍊字句的技法，劉勰稱之爲「麗辭」。「麗辭」是駢體文發展的前身，也是駢體組成的基礎要件，不僅在字數上必須均衡齊整，聲律上注重平仄相協，意義表達上更追求連珠合璧之妙，用於詩，使詩意更爲工切富麗；用於文，使文章更顯穩練暢達，故可說是「語言、思維和藝術三位一體的結晶」[2]。而將對偶這種組句技巧運用推衍至極致者，則莫過於駢體文。所謂「駢體者，修詞之尤工

---

2 語見古遠清、孫光萱：《詩歌修辭學》（漢口：湖北教育出版社，1995年 10 月），第三章第三節〈詩歌辭格舉隅—對偶：奇妙的姻親〉，頁 224。

者也。」[3]駢體文正是運用駢偶的思維，透過駢偶這種語言模式，展現駢偶的修辭藝術，而成為美文中的最佳代表。鍾濤指出：「六朝駢文作為一種詩化文體，其文體特點，表現出強烈的詩化傾向」，「即便是敘述、議論文字，常常也有充沛的情感。」[4]若究其根柢，「偶」與「駢」實為造就美文與詩化文體的關鍵要素。

歷來有關對偶體式之研究，除劉勰提出「麗辭之體，凡有四對」之說屬最早者外，尚有唐代上官儀六對之說、皎然八對之論等[5]，其後《文鏡秘府論・東卷》在歸結整理前人詩論有關對句類型的基礎上，提出了「二十九種對」[6]，這大致是唐代以前在對偶的分類上，種類最為眾多的集大成者，這些對偶類型，多援自詩歌之論，從不同分類角度呈現了詩中造句藝術的多元異采。對偶這種追求均勻、齊整的構句形式有其相當突出的表現特性，如有時「不可避免地會給整個文體帶來一種明顯誇張的非凡氣勢和富麗堂皇的美質美感」[7]，日人古田敬一《中國文學的對句藝術》一書亦指出：

---

3 語本袁枚：〈胡稚威駢體文序〉，引自：《清代文論選》（北京：人民文學出版社，1999 年 1 月），頁 509

4 引見鍾濤：《六朝駢文形式及其文化意蘊》（北京：東方出版社，1997年 6 月），頁 162。

5 參張仁青：《中國駢文析論》（台北：東昇出版事業，1980 年 10 月），頁 59-60。

6 詳參弘法大師撰、王利器校注：《文鏡秘府論・東卷》（台北：貫雅文化事業，1991 年 12 月），頁 262-317。

7 引見朱承平：《對偶辭格・前言》（長沙：岳麓書社，2003 年 9 月），頁 6。

> 對偶表現不僅具有形式美、韻律美，同時，由於內
> 容的並列、類似、對照，富於變化，因而和形式美
> 一起創造了高度的表現美。[8]

對偶的這些特性也同樣可能展現於駢體文章，並營造出形
式美、韻律美、表現美等詩化的藝術效果。而當各類型偶
句在行文中錯綜變化，利用形式壯闊了文章氣勢、豐富了
表意功能，不僅對於摹寫、敷陳有利，在抒情、論理上其
實也有其得力處，故對偶這一修辭技巧在文章詩化、文章
駢偶化之歷程中頗具直接影響。

　　然將詩之「對偶」與文之「駢體」聯繫來看，其主體
精神雖然皆在於句型的儷偶，但卻因為體類有別，而各自
有相異的表現方式與形貌。例如前者字數大致固定，或五
言，或七言，因此節奏相當整齊具有規律；後者雖以四六
言為主，但卻可「變之以三五」，且可長可短，可單可複，
在「應機之權節」（〈章句〉）下得有伸縮的自由，故節奏變
化也較為多元。前者以對仗精工為要，字字不離格律；後
者則偶律可疏，唯以典實為重。前者練字求精，崇尚意象；
後者則較重章句技法之表現。可見詩中之「偶」與文中之
「駢」兩者之間形貌仍存在區別，並顯示了兩者行文造句
出發點的考量並不盡相同。因此詩歌中的對偶體式未必皆
會出現運用於文章之駢句，也未必皆宜借用以析論文章中
的駢句。不過，駢體充分發展了「以詩為文」的構句思維，

---

8 引見古田敬一著、李淼譯：《中國文學的對句藝術》（台北：麒麟出
　版社，1994 年 9 月），頁 4-5。

運用大量的駢偶語，以使文章能在形式設計之中，展現「麗句與深采並流，偶意共逸韻俱發」（〈麗辭〉）的詩化特徵，如上所述形式美、韻律美、表現美等，即是相當具有詩性的藝術風采。

　　清代劉開曾讚譽《文心雕龍》是「以駢儷之言，而有馳騁之勢，含飛動之采，極瓌瑋之觀」[9]的佼佼者，從詩性風采的立場肯定了其書駢儷論文之長。「對偶」固然為駢體之文帶入了詩化的氣息，然詩性與《文心雕龍》以駢體論文時所應運用的理性思維如何相輔相成？這當是觀察《文心雕龍》以駢著論成效的一項重點。劉昆庸指出：

> 駢體形式的採用不僅賦予了《文心雕龍》文章的詩化性格，更強化了它的論辯色彩，使《文心雕龍》形成了正反相對、理事相成的立論風格，具有堅不可摧的邏輯力量和絢爛飛動的文采。[10]

可見駢體雖有詩化之基本特性，但也必須同時向論述的功能領域拓展，方能為《文心雕龍》成就邏輯周密、理據充分，且文采飛動的立論體勢。所謂「勢者，乘利而為制也」（〈定勢〉），劉勰運用駢偶句行文，正是欲借重駢體出語輈雙的優勢，將文學事理經鎔裁後以偶句方式呈現，以開展文學論文寫作之規模，如其中鋪敘、開展、承轉、舉證、對比、歸納等，皆有賴各式駢句居中，發揮穿針引線的功

9　引見劉開：〈書文心雕龍後〉，引自楊明照：《增訂文心雕龍校注》，附錄「品評第二」，頁653。

10　引見劉昆庸：〈論文心雕龍的文體形式〉，《寧德師專學報》1997年2期（總41），頁37。

能。杜黎均以為：

> 《文心雕龍》的理論思維成果，是用齊梁通行的駢
> 體而顯示出來的。……以對偶判斷的形式來提出文
> 學理論思維的結論，這是難能可貴的。[11]

指出駢體是展現理論思維成果的媒介。江雲《文心雕龍的
駢偶研究》則指出：

> 劉勰也利用駢偶來綴飾其文、陳事論理，從而使其
> 文於流暢中顯凝重，於樸拙中添氣韻，典雅含蓄，
> 辨麗可喜。

該論文並更進一步歸納駢偶在《文心雕龍》中的藝術效果
主要有:「使語句為之整齊勻稱」、「使節奏為之張弛有致」、
「使行文為之氣勢暢達」、「使事理為之嚴謹清晰」、「使感
情為之鮮明強烈」等五項[12]，可知駢偶句的使用不僅是一
種修辭或寫作技巧，更可視為一種論理思維的外顯，而駢
偶在展現理論思維的同時，也可促進文章的藝術效果，充
分發揮所謂「飛文敏以濟辭」(〈論說〉)之效果，故駢偶句
與文章藝術表現兩者互為表裡，可共創論體之勢。

　　至於這些駢句如何在詩性的基礎上展現理性思維、如
何佐助論述、怎樣透過行文技巧發揮顯著效能？這樣的藝

11　引見杜黎均:〈論文心雕龍文學理論思維成就〉，收錄於饒芃子主
　　編:《文心雕龍研究薈萃》(上海:上海書店，1992 年 6 月)，
　　頁 221-222。
12　以上引文及五項藝術效果詳參江雲:《文心雕龍的駢偶研究》(重
　　慶師範大學漢語言文字專業碩士論文，2006 年 4 月)，頁 29-31。

術效果與駢體之句式關係如何？類似課題皆有必要透過實際行文進行檢視。故以下即分從基本句式以及變化句式之運用兩方面，略舉文例以綜觀《文心雕龍》各式駢句所具有之論理特質。

三、《文心雕龍》駢體的四種基本句式及其論理特質

　　散行之文可以在寬鬆自由的形式中，隨意之所至，作盡致的表達；而駢體則未必如此，必須講求句子之平行和對稱，故有了出句，必須有對句與之相應，引了此事也必然連帶提及彼事，因此從駢體文章之整體組成來看，其實大致是講求重複的，如對句與出句、下聯與前聯之間句型結構的重複，或者行文規律的重複等。[13]只是這種重複在強化語意表達之外，仍具有變化性，並非機械式的百句不遷，故能形成大體規律卻又樣貌豐富的文章體製。而能在文中不斷構成主要重複，自是最簡單、最基本的句法形式。一般論及偶句，多以當句對、單句對、隔句對、長對等對偶句法形式進行區分，或者從字數上將駢偶句型模式分為齊言單聯型、齊言複聯型、雜言複聯型等[14]，甚或以字數

13　詳參朱承平：《對偶辭格・前言》（長沙：岳麓書社，2003 年 9 月），頁 4-6。

14　可詳參莫道才：《駢文通論》（南寧：廣西教育出版社，1994 年 3 月），頁 65-82。

爲類，分句型爲三—三、四—四、五—五、四四—四四、四六—四六、五—七等多達四十八種[15]。然而這樣的區分係根據字句長短多寡之形式而來，且普遍可見於各類型駢體文章，且其實較不易看出其在行文中所發揮的特殊作用。故本章在此不擬採取這種分類方式，而回歸到劉勰在〈麗辭〉篇中根據用事與否、命意同異兩方面的標準，所分析出對偶的四種類型來看，其云：

> 言對爲易，事對爲難，反對爲優，正對爲劣。言對者，雙比空辭者也；事對者，並舉人驗者也；反對者，理殊趣合者也；正對者，事異義同者也。

言對者，指句中不引典故事例，全由己意直寫，故爲「雙比空辭」；事對者，需用典故事例相對，以供證驗，故爲「並舉人驗」；反對以不同事物相互映襯，字面相反卻旨趣暗合，故爲「理殊趣合」；正對則是將事物並列相對，兩句意義相近、相關、互補，以表達完整語意，故爲「事異義同」。這兩組四類型對偶，雖不及後世詩論、修辭論中所歸納之類型那般細密多元[16]，但這種兩分法卻可以簡馭繁，已大致概括篇章中運用對偶的主要形式，既能作爲對偶方式之分類根據，也可作爲檢視駢句基本功能的出發點，而從這

---

15 此四十八種駢文句型，請詳參張仁青：《中國駢文析論》（台北：東昇出版事業，1980 年 10 月），〈七、駢文之句型與聲調〉，頁105-125。

16 如蔡師宗陽〈論對偶的分類〉一文中探討各家對偶之分類，計有四分法、六分法、八分法、十二分法、二十六分法、二十八分法、二十九分法、三十分法等。文見《修辭學探微》（台北：文史哲出版社，2001 年 4 月），頁 239-253。

切入，同時也意謂：「在上述幾種對偶方法中，劉勰以自己的創作實績，爲人們樹立了典範。」[17]以下即依劉勰「言對事對，各有反正」之說，將其交叉重疊，亦即分從「言對之正」、「言對之反」、「事對之正」及「事對之反」四式略予舉例，並說明其論理功能與特質。

（一）言對之正，成鋪展陳述之體

不用典事，直抒己見，且兩句共表一意，這種駢句最爲基本，也較易組成，在《文心雕龍》中頗爲常見，其在篇章中主要功能，便在於運用相應相協的句子進行鋪敘推展，使文意能清楚表達。如以下兩例：

> 若能憑軾以倚雅頌，懸轡以馭楚篇，酌奇而不失其貞，翫華而不墜其實；則顧盼可以驅辭力，咳唾可以窮文致，亦不復乞靈於長卿，假寵於子淵矣。（〈辨騷〉）
>
> 夫盟之大體，必序危機，獎忠孝，共存亡，戮心力，祈幽靈以取鑒，指九天以為正，感激以立誠，切至以敷辭，此其所同也。（〈祝盟〉）

前例在文末重申宗經辨騷可有助文章之旨，共由四組駢句構成。第一組「憑軾」句指寫作倚靠《詩經》立義，「懸轡」指有選擇地學習《楚辭》之寫作技巧，強調其立場；第二組「酌奇」「翫華」兩句，強調研讀取酌「不失」「不墜」

---

17 引用語見于景祥：《中國駢文通史》（長春：吉林人民出版社，2002年1月），頁383。

之態度；第三組「顧盼」「咳唾」兩句，揭陳善於取酌屈騷可以驅遣辭力、窮盡情致之效果；末組兩句總結取法屈騷，如此則不必向司馬相如或王褒乞助靈感，從反面回應取酌之益。四組之中兩兩成對，或互補，或疊意，對於師法《楚辭》之立場、態度、效果、益處等方面，一一提點陳述，可見駢句在文意鋪展上的作用。後一例在歸結「盟之大體」，除首尾兩句各爲散句外，餘由三組駢句構成。首先四句三言的排偶對，揭示「盟」寫作題旨之取材；其次「祈幽靈」與「指九天」兩句，指出定盟應在神靈天地之見證下進行，爲寫作之條件；末爲「感激以立誠」與「切至以敷辭」兩句，一指內容，一指形式，強調「盟」體寫作應秉持之基本精神。三組在不同句型下，將盟體寫作要領，從取材、條件到基本精神，予以概敘式的鋪寫，達到爲全篇「敷理以舉統」的目的。固然其中「指九天以爲正」句，蓋出自〈離騷〉：「指九天以爲正兮，夫唯靈脩之故也」，但劉勰在此用人若己，即使不查考典出何處，亦不影響意義之理解，故整體仍可視爲言對之例。

（二）言對之反，顯理殊趣合之妙

正對之兩句語意相近，發揮重疊增強或前後互補的作用；反對之句，則從正反兩方爲對，使字面對立而旨趣暗合。如以下兩例：

> 凡說之樞要，必使時利而義貞，進有契於成務，退無阻於榮身。（〈論說〉）

且才分不同，思緒各異，或製首以通尾，或尺接以
寸附；然通製者蓋寡，接附者甚眾。(〈附會〉)

前例歸結「說」體大要，強調必須在有利時機下，且堅定
正大之立場的狀況下提出，使進言獲人主接納時，可達成
進諫勸說之任務，即使被拒退時，也不妨礙自身之顯榮。「進
有契」與「退無阻」兩句為對，舉列正反兩種可能的後果
及下場，其旨便在於表達善於遊說進言者，所必須掌握「順
情入機」之要訣與分寸。後例論才智天分對寫作時思路的
影響，「製首以通尾」與「尺接以寸附」兩句正反對舉，一
指才思高妙者，能從篇首到篇尾作通盤考量，故寫來前後
通貫，如一氣呵成；一指才思遲緩者，只能在章句片段之
間片段連接，零星拼湊；前者寡，後者則眾，既強調了「通
製者」之可貴，也突顯了謀篇附會時易出現「尺接寸附」
的通病，而兩者之指向交集便在於「附會」之術。由此可
見反對藉著正反兩端之對舉，產生意義的對應效果，這種
旨趣之暗合，能使論述更形周備完滿。

（三）事對之正，盡強化論證之旨

典故事例常能成為論理之文的輔助，適時引典，可深
化內蘊；有事例為證，理據更為充分。而要強化論旨，取
用類似事例融入駢句，使之並列而相映成趣，也頗考驗作
者之才學。如以下兩例：

自〈連珠〉以下，擬者間出。杜篤賈逵之曹，劉珍
潘勗之輩，欲穿明珠，多貫魚目。可謂壽陵匍匐，

> 非復邯鄲之步；里醜捧心，不關西施之顰矣。(〈雜
> 文〉)

> 若愛典而惡華，則兼通之理偏，似夏人爭弓矢，執
> 一，不可以獨射也；若雅鄭而共篇，總一之勢離，
> 是楚人鬻矛楯，譽兩，難得而俱售也。(〈定勢〉)

前一例指出揚雄始創〈連珠〉之體後，其下如杜篤、賈逵、
劉珍、潘勗等擬作者相當眾多，即使極力仿效欲貫串出如
明珠高貴之作，但卻多只能成為如魚目混珠之低劣作品。
劉勰在此用典，以設喻方式批評這些仿擬者，以為這般行
徑就如同邯鄲學步、東施效顰之人。其中「壽陵匍匐」與
「里醜捧心」兩句成對，「壽陵匍匐」典出《莊子・秋水》，
「里醜捧心」典出《莊子・天運》，經過鎔裁化成之後，正
能適切點出徒事模擬者之可笑。此處寓批評之意於事典之
中，語氣較為委婉，但連續兩典之喻，也增強了貶責的力
量。後例中，主張作家應在「並總羣勢」的前提下追求「兼
解以俱通」，故所謂「愛典而惡華」與「雅鄭而共篇」這兩
種現象，一則使兼曉並通之理偏頗，一則使全篇統一和諧
的體勢發生矛盾，實非理想。故劉勰敘理之外，又概括前
人之典，用喻以加強論述之意。「夏人爭弓矢」出典見《太
平御覽》引《胡非子》，指弓矢單獨使用必無法發射，故必
待合用；「楚人鬻矛楯」典出《韓非子・難一》，指誇矛又
誇楯，自難同時售出，故可見文章體勢應以和諧不雜為要。
這兩句屬於長偶對，前後文理並列，兩則事例也互相儷偶，
對於能文之士在文章體勢方面應具備的素養，作了相當清

楚具體的論證。

（四）事對之反，達對比參照之用

　　反對必須在字面相反的狀況下，將出句與對句之事理對照映襯，達到「旨趣暗合」的目的，而若又得「徵人資學」，融入適切的事典，則更不容易達成，是以相較於前述三者，事對兼反對自然是比較難的，在《文心雕龍》中也較為少見。略舉兩例如下：

> 桃李不言而成蹊，有實存也；男子樹蘭而不芳，無其情也。（〈情采〉）
> 言峻則嵩高極天，論狹則河不容舠，說多則子孫千億，稱少則民靡孑遺；襄陵舉滔天之目，倒戈立漂杵之論。辭雖已甚，其義無害也。（〈夸飾〉）

前一例旨在設喻申述文章情采之理，前句用典取自《史記‧李將軍列傳》：「桃李不言，下自成蹊」，後句出典於《淮南子‧繆稱訓》：「男子樹蘭，美而不芳」。其巧妙處便在於將兩則本不相關的出語典故，藉著駢句組合，使「草木之微」能連類恰巧成對。而將「有實存」與「無其情」對照，以反襯出有情有實者，自能散發出吸引眾人的魅力，故所謂「情先於采」之理，在對比參照的喻語之中，顯得尤為豁然明朗。後一例中，劉勰在「詩書雅言，風俗訓世，事必宜廣，文亦過焉」的論述前提下，配合行文需要，分別從《詩經》、《尚書》中取例，採擇適當語句，並重新鎔裁成三組駢句，這三組駢句中的前兩組，在字面上如「峻」與

「狹」、「多」與「少」各為字面之反對，如此對比舉列，一方面可造成語句夸飾至極的印象，一方面也可證明經典中早已存在各種善用極端夸飾之辭的實例。再從語句之出處來看：

> 《詩經・大雅・崧高》：「崧高維嶽，駿極於天。」
> 《詩經・衛風・河廣》：「誰謂河廣，曾不容舠。」
> 《詩經・大雅・假樂》：「干祿百福，子孫千億。」
> 《詩經・大雅・雲漢》：「周餘黎民，靡有孑遺。」
> 《尚書・堯典》：「湯湯洪水方割，蕩蕩懷山襄陵，浩浩滔天。」
> 《尚書・武成》：「前徒倒戈，攻于後以北，血流漂杵。」

可見劉勰取資原典以佐助自身行文，並從而襯托出「辭雖已甚，其義無害」的論旨。而三組駢句在信手拈來之間，不僅取義相當妥適，也能略見劉勰擅長於擷摘典事、鎔裁資料的才學。

四、《文心雕龍》駢體的幾種特殊句式及其論理特質

上節所舉「言對之正」、「言對之反」、「事對之正」及「事對之反」四式及其句例，可見《文心雕龍》基本的駢偶體式運用情形之大略，這些句式在篇章中也反覆出現，

體現了鋪展陳述、使殊理合趣、強化論證及對比參照等論
述功能。但若在這基礎上，進而檢視《文心雕龍》如何運
用形式較爲特殊且具有多變化性的駢句，以使論述說理更
爲綺麗巧密，則更大致可見駢句之體在論析事理上不僅有
其適應性，另也顯然不僅止於「辭達」的目的，而且有立
言求美之積極意圖。畢竟追求「奇類」、「異采」，也是劉勰
所特別注重並標舉的審美價值。至於此節所謂「特殊句
式」，並非指此類句式屬劉勰變通獨創而來，故未必僅僅獨
見於《文心雕龍》，但其運用在篇章之中，確能藉著調整語
言形式，運用駢體的體勢，發揮承載內容、概括事理以及
輔助論析的作用，這是劉勰「設情以位體」的一種論述技
巧與策略，其中也在一定程度中透顯劉勰持論之邏輯思
維。就如同李蹊指出：

> 在表現同一時間和同一空間內的對立或對應事物
> 或情勢時，偶句就能充分地體現其特長，……尤其
> 是在議論中，不僅能表現出思維的周密、嚴謹，而
> 且能夠表現伴隨思維出現，或者說在思維中本來就
> 有的人的全面的精神世界，具有極強的概括力。這
> 是其他語言形式不具備的特質。[18]

駢體句式如何運用語言形式之優勢，以表現思維的周密嚴
謹，並發揮強大的概括力，正有進一步考察的必要。故以
下即以《文心雕龍》篇章中所運用幾種較爲特殊的駢句爲

---

18 引見李蹊：《駢文的發生學研究》（保定：河北大學出版社，2005
年 12 月），頁 114。

對象，予以分項說明，從各種句式之功能探見其論述文理時所呈現的特質。

（一）互文式駢句

駢偶句為使表達均衡，造語時本即有將一意拆分為兩句敘述之情形，而互文式駢句便是使兩句各舉一邊，拼合則共成一意，而上下看似獨立，卻又相互包含、交融、補釋以見義的一種對偶方式，又名「互體對」[19]。互文句主要見於詩句，既不同於將近似事物並列之正對，也與兩方對舉之反對有別，其作用「不僅在節省字句，且能避免犯重，而使文句變化」[20]，用於駢體，則使文句簡鍊、語意均衡之外，又增添了一些詩化的風采。能掌握這種駢句形式，自能對於《文心雕龍》部分文句之理解有所助益。如以下兩則例子：

> 形立則文生矣，聲發則章成矣。（〈原道〉）
> 子建援牘如口誦，仲宣舉筆似宿構。（〈神思〉）

第一例前句指形文之生，後句指聲文之成，「形立」與「聲發」互文，為文之組成要素；「文生」與「章成」互文，即文（文采）之意，為組成之結果，故兩句並無先後本末關係，參互合義之後成為「形聲立則文章成」，語意方為全備。

---

19 「互體對」指「雖然話分兩句，分別述說，但相互見義，體式交融，故名互體對。」參見朱承平：《對偶辭格》（長沙：岳麓書社，2003 年 9 月），第六章，頁 326-328。

20 引見黃永武：《字句鍛鍊法》（台北：洪範書店，1986 年 1 月），頁 166。

而分爲兩句敘述，可與該篇所述「龍鳳以藻繪呈瑞，虎豹
以炳蔚凝姿」、「雲霞雕色」、「草木賁華」（以上形文）以及
「林籟結響」、「泉石激韻」（以上聲文）等自然現象的文句
照應收結，是提出「立文之道，其理有三」之論（〈情采〉）
的前提先聲，在嚴整照應之餘，亦可見互文式駢句構句之
特殊性。第二例在敘寫兩人寫作文思之速的情形，然有紙
無筆或者有筆無紙，均無法進行實際寫作，可見前句省略
「舉筆」，後句省略「援牘」，兩句聯合並觀，兩者動作互
爲補足，句意方能明確，如周振甫釋義時也謂：「援牘舉筆
是互文，援牘的也舉筆，舉筆的也援牘。」[21]此可見互文
可利於精省詞語，並使兩駢句交融，是利用句型變化以增
加論述效能的一種方法。

（二）連鎖式駢句

　　論理之文必須講究思維的縝密性，而文句正是展現思
維的媒介，因此如何使句子上下銜承緊密，達到「彌縫莫
見其隙」（〈論說〉）之理想，便成爲章句經營的重點。所謂
連鎖式駢句，是利用環環相扣之法，接續前後文句，使語
意承遞緊密的一種特殊句型，正如傅隸樸《修辭學》指出：

> 連鎖，是上下首尾如連環相扣，語絕而意不絕的一
> 種辭格。這不僅爲呈巧而設，也是事之因果相關連
> 者，有自然不容間斷之勢。……用在論理方面，常

---

21 引見周振甫：《文心雕龍注釋·神思第二十六》（北京：人民文學
　　出版社，1981 年 11 月），注釋 17，頁 300。

> 如江河之水滾滾而下，有起伏之跡，而無斷裂之
> 痕，不僅神旺，而且氣足。[22]

可見連鎖不但可將文辭修飾得更為奇巧，還可使事理因果
呈現更為緊密，使論述文氣更為旺足。用於駢文，則與劉
勰在〈麗辭〉所謂「乾坤易簡，則宛轉相承」之原理相當
接近。先從《周易·繫辭上》的這段文句來看：

> 乾道成男，坤道成女；乾知大始，坤作成物；乾以
> 易知，坤以簡能；易則易知，簡則易從；易知則有
> 親，易從則有功；有親則可久，有功則可大；可久
> 則賢人之德，可大則賢人之業。

段中每兩句為一組駢句，分述乾、坤之德業大用，文意由
前入後，逐層遞進，看起來是單句對的形式，但各組駢句
之間，又如連環相扣，此即所謂「宛轉相承」。楊明即針對
此提出：

> 「宛轉相承」實際上就是多層（三層以上）對偶相
> 連續，而每層對偶的上下聯分別依次相承接、相對
> 應。……這與駢文萌芽、形成、發展的進程一致。
> 值得注意的是，在魏晉、南朝的玄學、佛學論文中，
> 此種方式相當發達，這表明它與說理的需要、與古
> 人的邏輯思維頗有關係。[23]

---

22 引見傅隸樸：《修辭學》（台北：正中書局，1969 年 3 月），第九章，
　頁 119。
23 詳參楊明：〈宛轉相承：駢文文句的一種接續方式〉，《文史哲》2007
　年 1 期（總 298），頁 87-94。

可見運用雙起雙承，互相環扣的句式行文，正展現了駢句說理時類比推證的一種邏輯思維。這在《文心雕龍》也時有運用之例，舉兩例略予說明：

> 夫設文之體有常，變文之數無方，何以明其然耶？凡詩賦書記，名理相因，此有常之體也；文辭氣力，通變則久，此無方之數也。名理有常，體必資於故實；通變無方，數必酌於新聲。（〈通變〉）
>
> 是以聲畫妍蚩，寄在吟詠，滋味流於下句，風力窮於和韻。異音相從謂之和，同聲相應謂之韻。韻氣一定，故餘聲易遣；和體抑揚，故遺響難契。屬筆易巧，選和至難，綴文難精，而作韻甚易。（〈聲律〉）

第一例取自〈通變〉開頭段，由三組駢句組成，第一組先提出「設文之體」與「變文之數」兩個對舉的概念，接著第二組即以長偶對分別解釋「設文之體」與「變文之數」的實質內涵，第三組則承前所述再推展至「名理有常」者必須借鑑參考故實、「通變無方」者必須求新求變，並從而導引出通變之論。三組駢句以「有常」與「無方」相銜相承，論述層次清晰，語意一路遞進，在宛轉相承之際，也密合無隙，是連鎖式駢句運用之典型。第二例論述聲律調諧之理，共由四組駢句組成。首先以「滋味流於下句，風力窮於和韻」，揭出文章聲韻美感存在於練字度句及和聲協韻之間；接著便承前論，分述「和」與「韻」兩者之實義；第三組又再取「韻」與「和」，較論並分析「韻氣易遣」而「和體難契」之原因；最後依然接續前論，進而說明無韻

之筆雖較易屬文成篇，但選字要皆抑揚和諧並不易，而有韻之文，雖聯綴成文難達精妙，但押韻本身實較容易。四組駢句語意逐層推進，卻環環緊扣，論述條理宛轉而暢達，此均可見劉勰爲文思維周密，力使辭句能達「心與理合，彌縫莫見其隙」（〈論說〉）的理想。

（三）交蹉式駢句

在一般兩聯四句的句式組成中，多由奇句與奇句相對，偶句與偶句相對，兩兩間隔成對，此即所謂隔句對，屬於基本式駢句。而交蹉式駢句則刻意將句序交蹉，使兩聯四句中之前兩句成對，後兩句成對，但在理解文意時卻得將之交錯組合，如此句子便能在固定規律之中產生些許錯綜的變化。如以下兩則文例：

> 爰自風姓，暨於孔氏，玄聖創典，素王述訓，莫不原道心以敷章，研神理而設教。（〈原道〉）
> 是以繪事圖色，文辭盡情，色糅而犬馬殊形，情交而雅俗異勢。（〈定勢〉）

第一例前四句旨在歸結「庖犧畫其始，仲尼翼其終」之人文發展情形，其語意順序應是第一句「風姓」與第三句「玄聖」相接，所指即庖犧氏，第二句「孔氏」與第四句「素王」相承，所指即孔子。但文句先述庖犧、孔子之名，再敘兩者創制與追述的貢獻，便運用交蹉式駢句，使句子產生錯綜變化之趣。第二例以繪圖要使色彩雜糅爲喻，說明作品也應有不同體勢之理。從語意表達原序來看，「色糅而

犬馬殊形」應與「繪事圖色」相承,「情交而雅俗異勢」則與「文辭盡情」相接,然此處交蹉,使前兩句敘理與後兩句闡析各自成對,交錯成文,可說利用駢偶的嚴整,展現語句靈動之妙。

（四）情采對舉式駢句

利用駢句作定義或概念之對舉,本即是一般駢體文章常見的情形,就形式而言,並非屬於特殊句式,但《文心雕龍》則常在論述時,藉著駢句將情（質）、采（文）並提對舉,以展現他兼重情采的文學觀,以及不偏一端的論述態度與批評思維,這也是檢視劉勰駢體行文所不宜輕忽的。「銜華配實」、「符采相勝」的文學觀,是劉勰文學理論中的重要組成,這理論思維也充分呈現在情采對舉式的駢句中,故此類駢句甚眾,幾遍及書中各篇,堪為一項顯著特點,故於此特別加以標舉。唯勢難詳細舉列,僅舉兩則以略觀之：

> 自後漢以來,碑碣雲起,才鋒所斷,莫高蔡邕。觀楊賜之碑,骨鯁訓典;陳郭二文,句無擇言;周胡眾碑,莫非精允。其敘事也該而要,其綴采也雅而澤;清詞轉而不窮,巧義出而卓立。(〈誄碑〉)
> 故其植義颺辭,務在剛健,插羽以示迅,不可使辭緩,露板以宣眾,不可使義隱;必事昭而理辨,氣盛而辭斷,此其要也。(〈檄移〉)

前者評述東漢時期蔡邕的碑文成就,如先分評為楊賜所作

的〈司空文烈侯楊公碑〉、〈陳太邱碑文〉、〈郭有道碑文〉、〈汝南周勰碑文〉、〈太傅胡廣碑文〉等文之後，再連續兩組駢句作為綜評，且皆情采對舉，前一組「敘事也該而要」為內容方面特點，「綴采也雅而澤」則為文采形式上的特色，而後一組「清詞」、「巧義」亦分別突顯其采與情方面的卓然成就。對於蔡邕碑文成就，兼從情與采兩方面觀察批評，也就顯得持平周備。後者之例在總結檄體的寫作大要，首先從義與辭方面標舉其「剛健」之主體精神，接著「插羽以示迅，不可使辭緩」及「露板以宣眾，不可使義隱」兩句對舉，揭示其寫作原則，然後運用句中對，在單句中對言歸納出「事昭」、「辭斷」（指材料文辭之采）與「理辨」、「氣盛」（指道理氣勢之情）的表現要點。其行文論述可說一路而下皆採取了情采並提的方式，對於寫作大體而言，具有兼取兩端的概括作用。

（五）排偶式駢句

駢文組成規律中一般多以上下兩駢句為一對，但為使工整句子更顯得文勢壯闊，有時亦以連續多組句型相近的駢句進行大規模的鋪陳，這種將對偶形式用排比方式擴充的排偶式駢句，不但充分展現作者雄辭博議的善論之才，也可增添駢體的嚴整之感，對於文意表達而言，則明顯有壯文勢、廣文義的效果。茲舉《文心雕龍》的兩則文例來看：

精者要約，匱者亦鮮；博者該贍，蕪者亦繁；辯者

昭晰，淺者亦露；奧者複隱，詭者亦曲。(〈總術〉)
略觀文士之疵：相如竊妻而受金，揚雄嗜酒而少
算；敬通之不循廉隅，杜篤之請求無厭；班固諂竇
以作威，馬融黨梁而黷貨；文舉傲誕以速誅，正平
狂憨以致戮；仲宣輕脫以躁競，孔璋傯恫以麤疏；
丁儀貪婪以乞貨，路粹餔啜而無恥；潘岳詭禱於愍
懷，陸機傾仄於賈郭；傅玄剛隘而詈臺，孫楚很愎
而訟府，諸有此類，並文士之瑕累。(〈程器〉)

前例旨在列述文士「多欲練辭，莫肯研術」所產生之連帶
效應，八個排句兩兩爲一組，故實爲四組駢句。第一組爲
精約與貧乏對舉，第二組爲博贍與繁蕪對舉，第三組爲昭
晰與淺露對舉，第四組爲複隱與迂曲對舉，將兩種似是而
非的狀況予以互相對舉，說明研術不精者，作品優劣之相
雜，就有如美玉與劣石之相混。駢儷以形成對舉，排比以
蘊蓄文勢，此正展現了劉勰說理務求整練、觀照務求全面
的論述統括能力。後者之例在羅列歷代「文士之瑕累」，看
似由連續十六句的七言句排比組成，實則兩兩互爲一組，
故共組合成八組隔句對，亦即是將八組駢句排比而成的排
偶對。從句中結構及對仗成分來看，更可見到各組間句型
略有變化，如第一組「竊妻」與「嗜酒」成對，第二組「不
循廉隅」與「請求無厭」成對，第三組「諂竇以作威」與
「黨梁而黷貨」成對，第四組「傲誕以速誅」與「狂憨以
致戮」成對，第五組「輕脫以躁競」與「傯恫以麤疏」成
對，第六組「貪婪以乞貨」與「餔啜而無恥」成對，第七

組「詭禱於懲懷」與「傾仄於賈郭」成對，第八組「剛險
而瞀瞀」與「佷愎而訟府」成對，兩兩成組之排偶式文句
一路鋪排直下，在古來文人瑕累實多的論述舉證力量上，
其勁勢即顯得相當強大。

（六）鼎足式駢句

駢體以偶數句成文為慣例，基本為兩句，多者則至四
句、六句等，而以三句同列並舉者句型類於排比，顯然較
為特例，因不合於詩體格律，故不太可能出現於詩中，但
若運用於詞曲，則被視為「三句對」或「鼎足對」[24]。鼎
足式駢句係用對偶的造句思維，使各句結構相同，語意並
列，形式整練又兼具排比之勢，係三組句子並排之排偶，
在駢句中是頗為特別的類型。如以下文例：

> 至如張衡譏世，頗似俳說；孔融孝廉，但談嘲戲；
> 曹植辨道，體同書抄。（〈論說〉）
> 是以草創鴻筆，先標三準：履端於始，則設情以位
> 體；舉正於中，則酌事以取類；歸餘於終，則撮辭
> 以舉要。（〈鎔裁〉）

第一例述及論體作品的缺失，即採用鼎足式的句法羅列，
並加以評論，像張衡〈譏世論〉如同俳優戲子的玩笑之說，
孔融〈孝廉論〉只談嘲虐嬉笑之事，曹植〈辨道論〉體製
有如抄書，用連續三則文例以突顯未能合於論體之失，對

24　「三句對」見於王驥德《曲律・論對偶第二十》，「鼎足對」見於
　　朱權《太和正音譜・對式》。

於推證「才不持論，寧如其已」的觀點，可謂有了頗爲確實的根據。第二例論述文章寫作謀篇構思階段的三步驟：首先是由思想感情需要確立文章主題、體式，其次是根據主題內容選擇題材，最後則是用合宜的文辭來鋪陳，突出要點。從始至終這三個步驟，一方面層遞深入，另一方面運用鼎足對方式中呈現，除句式整練、綱目清晰之外，也很能發揮匯聚論述焦點的作用。

　　附帶一提，除以上所論六種之外，另有所謂「落霞句式」，此雖非屬劉勰所創，但在駢體文章之中，向來引人注目，故值得在此稍予論及。關於「落霞句式」，乃取原自唐代王勃〈秋日登洪府滕王閣餞別序〉文中名句：「落霞與孤鶩齊飛，秋水共長天一色」，近年有學者針對這一句式特予論述，如李士彪《魏晉南北朝文體學》書中考察其源流始末，搜羅六朝時期數十則此類型文句，並綜結指出：「落霞句式是七言對偶句，適合在駢文中運用，是駢文常用句法之一。……落霞句式興衰與駢文相終，榮辱共世風同命。」[25]這種「□□A□□B□，□□C□□D□」的七言單聯式駢句（ABCD 皆爲連接詞），在《文心雕龍》亦可見運用之例，如以下四例：

> 體要與微辭偕通，正言共精義並用。（〈徵聖〉）
> 麗句與深采並流，偶意共逸韻俱發。（〈麗辭〉）
> 況清風與明月同夜，白日與春林共朝哉！（〈物色〉）

25　此處有關落霞句式之論述，係參引自李士彪《魏晉南北朝文體學》（上海：上海古籍出版社，2004 年 4 月），第三章第二節「篇體學—詞法與句法」，頁 232-240。

麟鳳與麏雉懸絕，珠玉與礫石超殊。（〈知音〉）

各駢句或作上文論述之綜理收束（如〈徵聖〉例），或陳述文學現象（如〈麗辭〉例），或鋪敘自然景物（如〈物色〉例），或設喻輔助闡釋（如〈知音〉例），各自在篇章中，以「二—三—二」之特殊節奏、特殊句型，發揮營造精語秀句之作用，故頗能令人留下深刻印象。

五、結　語

六朝文章多有駢化現象，因而充分表現出精巧唯美的特質，然當駢句用於文學論文，除增加詩性之韻律感外，也使論理之文更顯得嚴整穩重。因此在運用駢句表意的同時，一方面得跨越其句式純粹裝飾性目的，另一方面必須兼顧論理之文所應具有的統括性、縝密性及深刻性，如此方能充分達成文章的論述目標。

本章檢視《文心雕龍》之駢句，從四種基本句式以及七種變化句式之運用兩方面，考察篇章中運用各式駢句所呈現之論述特質，略可見其駢句不僅僅只有追求唯美表現的形式功能，而是以「辭達」為宗旨，積極發揮鋪展、論證、參照的本能，甚至可壯闊文勢，綜括文意，匯聚文旨，或是透過形態多元之句型，使論體在追求周密嚴謹之際，亦能顯得靈動練達。于景祥便針對此一特點評讚云：

劉勰在對偶這種修辭手法上造詣頗深。他既能造出

平衡對稱、精工麗密的巧對，又能錯綜變化，使對
偶句式自然靈動；在言對、事對、正對、反對四種
對偶方法上運用自如，不僅每一種都能自然圓活，
而且又能將各種對偶方法鎔於一爐，或者交替使
用。……後世不少駢文家，為了矯革駢體文呆板僵
化之病，都曾在句式變化上做文章，而劉勰在這方
面則開風氣之先。[26]

由本章以上所論四種基本句式以及七種變化句式，即可顯
見劉勰運用駢句力求圓熟自如，靈活暢達，以使駢體亦能
充分發揮輔助論理及使論述縝密化、深刻化的作用，故將
其直接綜評謂「短于議論」[27]，或者「不能持論」[28]，實未
必為確當合理之見。明代胡應麟有「劉勰之評，議論精鑿」
[29]的看法，此評固然與劉勰本身總結之高才、鑑別之卓識
有直接關係，但從《文心雕龍》以駢著論之角度來看，駢
句本身所開展出的立論體勢，對於所謂「議論精鑿」之成
就特點，想必也有相當程度的推助之功。鍾濤指出：

複雜的理論問題，作者全以駢文來闡述，足見劉勰

---

26 引見于景祥、陸雅慧：〈劉勰在駢文創作上的傑出成就〉，《社會科
學輯刊》2000 年 4 期（總 129），頁 136。
27 孫梅謂：「四六長于敷陳，短于議論。蓋比物連類，馳騁上下，譬
之蟻封盤馬，鮮不躓矣。」語見清孫梅：《四六叢話》，卷 31，收
錄於王水照編：《歷代文話》（上海：復旦大學出版社，2007 年 11
月），第五冊，頁 4895。
28 葉燮〈原詩〉外篇上：「劉勰其言不過吞吐抑揚，不能持論。」引
自楊明照：《增訂文心雕龍校注·下·品評第二》，頁 673。
29 語見明胡應麟：《詩藪·內編·古體中》（台北：廣文書局，1973
年 9 月），頁 132。

> 為六朝駢文大家，《文心雕龍》本身即為駢體議論
> 說理文的典範。[30]

此說亦高度肯定了《文心雕龍》以駢著論的特點與成就。

　　劉勰以駢體撰著《文心雕龍》，固然屬時勢潮流所趨下的必然選擇，但其善用駢儷體勢，不僅未與時文同流，淪為「繁采寡情」（〈情采〉）之作，反而為辭章營造出「理圓事密」（〈麗辭〉），且兼具詩性與理性的論文體製，至今仍為歷代文論發展中頗為罕見的異數。故以《文心雕龍》為衡鑑取資之源，從而取長避短，必然可為當前辭章寫作帶來一些可貴的啟示。

---

30 引見鍾濤：《六朝駢文形式及其文化意蘊》（北京：東方出版社，1997 年 6 月），頁 176。

第五章　駢論之餘聲
──《文心雕龍》「贊曰」之文章策略及其藝術表現

一、前　言

　　劉勰在每篇論文之末繫以「贊曰」，爲文章畫龍點睛，可謂是《文心雕龍》駢論體製中一項相當顯著的特色，其雖屬駢論之「餘聲」，但卻頗有所謂「據事似閑，在用實切」（〈章句〉）的作用，值得聚焦並做進一步的考察。唯歷來學者對此著眼者其實並不多見，多僅在論著中聊提數筆，略而弗詳；而專事探討者，或考察其用韻情形[1]，或摘選釋譯[2]，其他亦較少能予以全面並細微觀照者，故其研究之深廣度亦未盡理想。若與從事《文心雕龍》本身文論闡發者比較，不論從成果的質或量上來看，均顯然難以並論。

　　若從劉勰本身以及他撰文爲讀者考量的立場出發，進一步思考，劉勰何以要在各篇之末繫上四言八句的贊語？

1　如韓耀隆：〈文心雕龍五十篇贊語用韻考〉，《文心雕龍研究論文集》（台北：淡江文理學院中文研究室，1970 年 11 月），頁 33-70。
2　如杜黎均：《文心雕龍文學理論研究和釋譯》（台北：曉園出版社，1992 年 7 月）一書下編部分有〈文心雕龍贊選（二十篇詩體今譯）〉，頁 242-261。

其目的爲何？其選擇運用「贊曰」的根據又爲何？這樣的韻文體製對於駢論而言，可達到怎樣的論述效果？這些或許與劉勰所採取的文章論述策略有關的課題，仍有待探索釐清。故本章將贊語之體視爲《文心雕龍》「駢論之餘聲」，分從幾個角度，略予探論，期能爲劉勰的爲文用心，作一適切的註腳。

二、望今制奇，參古定法
── 《文心雕龍》贊語的通與變

「贊曰」之體，並非劉勰首創獨用，關於此體淵源及演變之大略，正可從劉勰在《文心雕龍》的考察記載中得知。〈頌贊〉云：

> 昔虞舜之祀，樂正重贊，蓋唱發之辭也。及益讚於禹，伊陟讚於巫咸，並颺言以明事，嗟歎以助辭也。故漢置鴻臚，以唱拜爲讚，即古之遺語也。至相如屬筆，始讚荊軻。及遷《史》固《書》，託讚褒貶。約文以總錄，頌體以論辭；又紀傳後評，亦同其名。

劉勰本其一貫的宗經文學觀，推原於經籍，自《尙書》中找尋有關線索[3]，將「贊」體之遠源追溯至虞舜、益、伊陟時代，指出最早的「贊」在當時原爲一種高聲宣唱、長聲

---

3 「樂正重贊」之事見於〈尙書大傳〉，「益讚於禹」事見於《尙書·大禹謨》，「伊陟讚於巫咸」事見於《尙書·商書》。

詠嘆的言辭；後來漢代設置鴻臚之官，於郊廟參贊唱拜，仍屬古時贊語遺風；直至司馬相如爲讚述荊軻刺秦王的義舉，作〈荊軻贊〉，體式及精神產生改變，而這也是以文字爲贊之始，對於後世贊體發展有相當的影響[4]。再至司馬遷《史記》、班固《漢書》，皆有在書中自序運用四言的文句形式，以概述各篇撰作本意的體例，如《史記・太史公自序》：

> 始皇既立，并兼六國。銷鋒鑄鐻，維偃干革。尊號稱帝，矜武任力。二世受運，子嬰降虜。作〈始皇本紀第六〉。

又如《漢書・敘傳》：

> 烏呼史遷，薰胥以刑。幽而發憤，乃思乃精。錯綜群言，古今是經。勒成一家，大略孔明。述〈司馬遷傳第三十二〉。

兩者運用簡短的四言體式，概括該篇要義，作用如同「頌」，並兼有抒發評議之意，故劉勰云：「約文以總錄，頌體以論辭。」除此之外，《史記》本紀、列傳各篇之末皆有「太史公曰」，《漢書》則有「贊曰」，其與「贊」之功能甚爲類似，主要在發揮總結全篇大意、褒貶人事得失的作用。由此可知，「贊」之原意在於獎歎褒貶，以後漸成史書常例，此即

4　徐師曾云：「昔漢司馬相如初贊荊軻，其詞雖亡，而後人祖之，著作甚眾。」見《文體序說三種・文體明辨序說》（台北：大安出版社，1998 年 6 月），頁 100-101。

以論爲贊的「史贊」[5]。但《史記》的「太史公曰」、《漢書》的「贊曰」仍屬散文，至范曄《後漢書》的「贊曰」則變更爲有字數規律的韻語[6]，以下舉類型略有不同的兩則贊語，如：

> 百六有會，過剝成災。董卓滔天，干逆三才。方夏崩沸，皇京烟埃。無禮雖及，餘祲遂廣。矢延王輅，兵纏魏象。區服傾回，人神波蕩。（《後漢書·董卓列傳》）
>
> 渭以涇濁，玉以礫貞。物性既區，嗜惡從形。蘭蕕無並，銷長相傾。徒恨芳膏，煎灼燈明。（《後漢書·黨錮列傳》）

前者十二句，後者八句；前者換韻，後者一韻到底。可見《後漢書》各篇贊曰句數並不一致，也適時換韻，與《文心雕龍》各篇之贊一律爲四言八句，並僅通押一韻的情況未盡相同。但從形式的關係上來看，前引《史》、《漢》序目或《後漢書》「贊曰」之體製，對於劉勰在《文心雕龍》篇末繫以有韻贊辭的作法，應發揮了或多或少啓迪的作用。[7]

　　至於何以選擇有韻的四言贊語殿末結篇？此可從劉

---

5 徐師曾云：「按字書云：贊，稱美也，字本作讚。……其體有三：一曰雜贊，……二曰哀贊……三曰史贊……。」見《文體序說三種·文體明辨序說》，頁 100-101。
6 吳訥云：「班孟堅漢史以論爲贊，至宋范曄更以韻語。」見《文體序說三種·文章辨體序說》，頁 59。
7 如韓耀隆〈文心雕龍五十篇贊語用韻考〉謂：「漢書、後漢書各篇之後或加『贊曰』，皆作者評論之詞，彥和之贊語，蓋倣乎此也。」見《文心雕龍研究論文集》，頁 33。

勰對文體的認知上予以考察。劉勰力倡宗經，在追溯各體
文章源頭時提出：「賦頌歌讚，則《詩》立其本。」(〈宗經〉)
可知劉勰以爲《詩經》是爲「頌」、「贊」諸體立下基本法
則的根源。《詩經》爲中國早期四言詩的代表，且已相當成
熟；其後五言詩代興，而四言終至衰落，但其體式仍爲一
些韻文文體吸收及採用，「贊」即其中之一。[8]因此選擇「贊」
作爲結篇之體例，可謂是劉勰秉持一貫的宗經理念，發揮
《詩經》「四言正體」所代表「雅潤」之風的一項設計。如
李建中謂：

> 《詩經》之後，用四言詩體討論文學理論和文學批
> 評問題，前有《文心雕龍》五十篇"贊曰"，後有
> 司空圖二十四首"詩品"，二者在文體上沾溉《詩
> 經》之風，其體貌典雅潤澤，其體勢兼綜詩性隱喻
> 與理性歸納，實爲《詩經》以詩論詩之流風餘韻。
> [9]

朱清華也說：

> 贊的句式、聲律、對偶都體現對《詩經》傳統的通
> 變，……他在贊語中舍五言用四言，顯然是承嗣《詩
> 經》的傳統。[10]

8　如褚斌杰《中國古代文體概論》謂：「銘文、碑文贊頌文辭習用四
　　言，主要是利用《詩經》中雅、頌詩的傳統，而且寫出來風格顯
　　得古樸、肅穆。」(北京：北京大學出版社，1990 年 10 月)，頁 53。
9　引見李建中：〈文備眾體：中國古代文論的言說方式〉，《文藝研究》
　　2006 年第 3 期，頁 52。
10　引見朱清華〈從文心雕龍的贊曰看劉勰對詩經傳統的通變〉，《寧
　　夏大學學報》(人文社會科學版)，第 24 卷 2002 年第 2 期，頁 48-49。

由此可略見四言式的贊語體製，在淵源上、詩性韻律上與《詩經》之間的可能關連。

另外，有學者認為篇末之贊與佛書的偈語有關。唐劉知幾即以為篇終有贊，猶如「釋氏演法，義盡而宣以偈言」[11]，因此饒宗頤便謂《文心雕龍》：

> 每篇文章末尾有贊，此種格式，佛教文章多見之，（即序讚論讚之類），……和佛經論末附偈語相似。[12]

其比附之推測亦大致能成理，但王利器指出：

> 《文心》的每篇文章連後面的贊語，所運用的語言及句子的結構，基本上是求駢儷聲律之美的，這與當時流行的佛典（包括本文和偈語）的盡量運用民間語彙力求通俗易解的情形完全兩樣。內典用偈來「總歷本意」，是要利用偈來簡要的將本意重複表達出來，……《文心》的贊語只是運用了佛偈的體裁來「總歷本意」，它並不能像佛偈一樣為俗人童少所接受。[13]

王氏明確指出佛典偈語和《文心雕龍》贊語在本質、用意上的不同點，但他並未否認《文心雕龍》採用佛偈之體來「總歷本意」的可能性。且從劉勰生平與佛門深厚的不解

---

11 見《史通通釋·論贊》（台北：里仁書局，1993 年 6 月），頁 83。
12 見饒宗頤：〈文心雕龍與佛教〉，收於《文心雕龍研究論文選粹》（台北：育民出版社，1980 年 9 月），頁 324。
13 見王利器：《文心雕龍新書·序錄》（台北：宏業書局，1983 年 8 月）。

之緣來看，他寄居定林寺多年，期間浸潤於佛典頗深，故受其啓發，適時酌取佛經行文特點，以助自身爲文，亦當屬有理可察之揣測。但必須應稍予釐清的是，劉勰著書出發點係以儒家傳統思想爲主導，爲文並不在闡揚佛理，全書與佛教思想有直接關聯處甚少，故在贊體的選擇運用上，劉勰大致也僅擇取其約文總錄的用意及四言韻語的體式，目的並不在評議人事得失，也不在於用深入淺出的文字進行特定思想的宣揚。

因此，《文心雕龍》用「贊」之名，設「贊」之體，循「贊」之例，一方面是前有所承，歸本於傳統之經史典籍，然亦同時得力於佛典偈語，以發揮「總歷本意」之作用。劉勰「參古定法」，從以往典籍中取資借鑒，綜理出以四言數韻爲主的贊體寫作軌則；另一方面，他在融貫多方之後，又「望今制奇」，權衡實際行文的需要，將古代文體加以轉化、革新。從這一角度看來，「贊曰」無疑可視爲劉勰實踐通變文學主張的一項具體成果與表徵。

三、約舉以盡情，照灼以送文
——《文心雕龍》贊語的文章策略

關於「贊」之名義，劉勰說：「贊者，明也，助也。」（〈頌贊〉）可知贊本身「既具有發明的作用，同時又有助成其事使之更加清楚的意思」[14]。劉勰在〈論說〉云：「詳

---

14 引見王夢鷗：《文心雕龍 —— 古典文學的奧秘》（台北：時報文化，1994 年 11 月），頁 69。

觀論體，條流多品」，指出「贊」屬於論體之一類，並謂：
「贊者明意。」是故「贊」同時兼爲論體之一類及「有韻
之文」之一體，即意味可藉有韻之體式，發揮論理的作用，
其本身既可單獨成篇，亦可附屬於文章體製之中，發揮輔
助闡明文意的作用。尤其經過劉勰精心結撰而成，體不妄
作，字不虛發，想必其中當有一些文章論述策略上的考量。
更具體確切地說，贊可以「約舉以盡情，照灼以送文」（〈頌
贊〉），意即贊既可約略概括全篇、完足未盡之意，亦可彰
顯重要觀點，以達總收全文的目的。這是劉勰強調「彌綸
一篇」、「首尾相援」（〈附會〉），使篇體完密的一項設計，
由此亦可見其獨特的文學功能與藝術特質。

（一）從全篇布局方面來看

　　《文心雕龍》各篇之末皆有「贊曰」的體例，贊語因
全文而作，在篇中地位居於附屬之「餘聲」，既與正文呼應，
可融爲一體；又因本身結構完整、語意完足，亦可抽離獨
立於全篇之外，視作一首四言八句的小詩[15]，留下文外餘
韻，供讀者在讀誦之際回顧正文。因此，以全篇布局而言，
贊是一種分則獨立，合則一體的特殊體製。運用得巧妙，
能發揮畫龍點睛之妙，否則，便難免畫蛇添足之病。唐劉
知幾以爲歷代史書「每卷立論，其煩已多，而嗣論以贊，

15　如朱清華〈從文心雕龍的贊曰看劉勰對詩經傳統的通變〉謂：「《文
　　心雕龍》贊語採用了詩歌的文體形式，將它們獨立出來，可作『准
　　詩』看。」見《寧夏大學學報》（人文社會科學版），第 24 卷 2002
　　年第 2 期，頁 48。

爲黷彌甚。」[16]指出篇終綴加贊語所可能造成的冗贅感。
劉勰早有鑑於此，在各篇論文尙不甚長的狀況下[17]，謹守
「促而不廣」的要求，繫以八句，僅三十二字的贊語，務
使精簡短促，以免喧賓奪主。明樂應奎予以評論曰：

> 於各篇之末，約爲一贊，要而備，簡而明，精而不
> 詭，予以是知文之思致備而品式昭也。[18]

概括出《文心雕龍》贊語「要」、「簡」、「精」的表現特點。
劉勰在追求綿密布局以使「思致備」的同時，也考量讀者
讀誦的感受，利用「品式昭」之體製，以兼顧「約舉」之
精神，此即爲其贊語的文章策略之一。

（二）從贊語之用意類型來看

「贊」字本身有「明」、「助」之意，成爲文體專門名
稱之後，可以發揮「盡情」、「送文」的獨特作用。若就其
內容用意的主要取向而言，可槪略區分爲槪括總結式、設
喻呼告式、完足文勢式、情理交融式以及綜合式等五種類
型。以下分別各舉一例以見大略。槪括總結式如〈宗經〉
贊曰：

> 三極彝訓，道深稽古。致化惟一，分教斯五。

---

16 同註 11。
17 王師更生有槪略的統計，謂：「文長由五百餘字到一千八百餘字不
　等。」見《文心雕龍導讀》（台北：華正書局，1993 年 7 月），頁
　30。
18 引自楊明照：《增訂文心雕龍校注》（北京：中華書局，2000 年 8
　月），附錄「序跋第七」，頁 955-956。

性靈鎔匠，文章奧府。淵哉鑠乎，群言之祖。

此贊語概述經的性質、五經之分教，及在文學上的高度價值，猶如〈宗經〉全篇的濃縮，其中內容、語彙多可與正文呼應，充分讚頌了經典可爲「群言之祖」的淵深美好，直似一首讚美詩。整則贊語無一「經」字，卻句句扣經，對於全篇文章而言，亦正有概括要義、總結「宗經」意旨的作用。

設喻呼告式如〈鎔裁〉贊曰：

篇章戶牖，左右相瞰。辭如川流，溢則汜濫。
權衡損益，斟酌濃淡。芟繁剪穢，弛於負擔。

此則贊語連用譬喻，先從正面將文章喻爲門窗，要左右對應；另從反面將過分鋪陳的文辭喻爲汜濫的流水，以呼籲寫作應衡量實際狀況，決定或增或刪，以減輕文章不必要的負擔。「芟繁剪穢」正是本贊語欲向讀者呼告的重要觀點。

完足文勢式如〈明詩〉贊曰：

民生而志，詠歌所含。興發皇世，風流二南。
神理共契，政序相參。英華彌縟，萬代永耽。

〈明詩〉旨在論詩之名義、起源、變遷大勢、重要作家作品特點等，末尾附帶論及各體雜詩，以「總歸詩囿，故不繁云」作結，似仍有未盡之意；而本則贊語前半回顧詩歌源起，後半卻稍偏離正文所論的範圍，提及詩歌的本質、

與政教、時代發展關係，最後展望未來詩歌碩果更加繁茂，將受萬代之人喜好。如同〈附會〉所謂的「寄深寫送」，其主要作用便在於表述正文未竟之旨，以完足文勢。

情理交融式如〈物色〉贊曰：

> 山沓水匝，樹雜雲合。目既往還，心亦吐納。
> 春日遲遲，秋風颯颯。情往似贈，興來如答。

首聯以「山」、「水」、「樹」、「雲」來代表自然界景物，勾勒出一幅令人嚮往的美景。人流連其中，觸景生情，所謂「情以物遷，辭以情發」，因此在欣賞之餘，訴諸吟詠，形之文辭，此即次聯所云：「目既往還，心亦吐納。」第三聯「春日遲遲，秋風颯颯」，言季節更迭之際，「物色之動」將與人心交感；末聯「情往似贈，興來如答」，則藉喻點出作家之情與自然之景兩者間情往興來、互相贈答的微妙。整則贊語，渾然一體，自然成對，文辭優美，意境高雅，在如詩般的情景交融間，闡釋了自然物色對於作家的影響。紀昀曾以「諸贊之中，此為第一。」[19]為評，可見其詩情畫意所受到的高度推崇與讚賞。

至於綜合式如〈情采〉贊曰：

> 言以文遠，誠哉斯驗。心術既形，英華乃贍。
> 吳錦好渝，舜英徒艷。繁采寡情，味之必厭。

此贊首聯重申「采」之重要，次聯突顯「情」之重要，第

---

19 見黃叔琳注、紀昀評：《文心雕龍輯注·物色篇》（台北：台灣中華書局四部備要本），卷十。

三聯以錦繡、木堇花爲喻，說明徒具艷麗者，終難永久不渝之理，因此末聯承前句之意，再用「采」、「情」扣題，提出嚴正的呼告。其先總結，再設喻，最後點題並呼告的模式，即所謂綜合式。

這樣的類別固然未必能一一概括，不過可便於區分，以使其內容取向能較爲突顯。由上述各例可見，劉勰思維、文筆皆靈活多元，撰作贊語，也往往隨文立意，不拘定式，以避板滯，此爲贊語的文章策略之二。

（三）從贊語之論敘效果來看

《文心雕龍》正文大致以駢儷句式爲主，其中適時間雜散行文句，故形成駢散合轍的文章型態；而繫於文末的四言贊語，則完全爲體製固定、句式整齊的韻文，有如「論文之詩」。文章前主說理，後面附加贊語以宣誦；前爲主體，後爲點染；前無韻，後有韻；前爲駢散合轍，後爲四言之體。這樣駢、散、韻的結合，和諧而巧妙，能構成聲情琅琅、宜讀可誦的篇製，獨立則又各自代表不同的論述體式，由此正可呈現劉勰謀篇構思務期周密、論敘力求新變，且文能兼備眾體的特別意義。

再者，《文心雕龍》贊語雖可獨立於全文之外，形式上也採用了迥異於正文的四言韻語，但劉勰仍針對重要看法在贊語中予以適時提點，並處處與正文緊密呼應，這種「概括總結」式的贊語，能讓文情再現，強化篇章的表達效果。如以首篇〈原道〉的贊語爲例，其曰：

道心惟微，神理設教。光采玄聖，炳燿仁孝。

龍圖獻體，龜書呈貌。天文斯觀，民胥以傚。

前四句言「道心」，與文中「原道心以敷章」呼應，「神理」與「研神理而設教」相應，「光采玄聖，炳燿仁孝」則承文中「玄聖創典，素王述訓」來。這四句說明自然之精神十分微妙，靠著聖哲設教立說，才使神明自然之理大放異采，而仁孝之道，也因聖人的闡揚，得到了高度的發揮。這四句概括的是「道」與「聖」之間的關係。後四句「龍圖獻體，龜書呈貌」，承文中「取象乎河洛，問數乎蓍龜」來，其援用龍馬負圖、神龜負書的傳說，旨在說明「天文」是「人文」的來源；由此引出「天文斯觀，民胥以傚」二句，這與文中「觀天文以極變，察人文以成化」相呼應，是要人應善體「天文」之變，以發揚「人文」。整則贊語不但與正文對應緊密，而且由「道」而「聖」而「文」的敘述，正有強調並總結「道沿聖以垂文」之意旨。又如〈章句〉贊曰：

斷章有檢，積句不恆。理資配主，辭忌失朋。

環情革調，宛轉相騰。離同合異，以盡厥能。

起首兩句先以「章」、「句」嵌入扣題，指出謀篇裁章有常理，而遣辭造句卻無定則；次聯強調情理靠章句以配合主旨，故辭句應前後聯繫，照應正文「若辭失其朋，則羈旅而無友」句；第三聯提示為文宜圍繞感情變化韻調，照應篇中「改韻從調」句；最後「離同合異」即篇中「離章合句」，仍扣回篇題作結。本則贊語所述大致圍繞正文內容，

並無翻出之新意，但對於章句的性質與基本原則，頗有提挈的作用。

　　《文心雕龍》全書旨在論文，論體文章重邏輯思辨，易顯艱澀，故劉勰在論理評文之餘，運用贊語予以搭配調節，既能使前後敘述體式截然兩分，讓讀者產生不同的閱讀感受，又可藉「贊曰」回應強調正文中的切要觀點，兼顧了「照灼以送文」的表達效果。故此可爲《文心雕龍》贊語的文章策略之三。

四、結言於四字之句，盤桓乎數韻之辭
──《文心雕龍》贊語的風格與聲情

　　關於文章之文采表現，劉勰說：

> 立文之道，其理有三：一曰形文，五色是也；二曰聲文，五音是也；三曰情文，五性是也。（〈情采〉）

形文是辭藻色彩之美，可以怡人之目；聲文是聲音調諧之美，可以悅人之耳；情文則是情志真實之美，則可以感人之心，此三者是構成文采內涵的必備條件。《文心雕龍》贊語是修辭藝術之佳作，其規律而整練的句式，能構成形文，此顯然易見；而其聲情之文則蘊藉於字裏行間，可透過反覆誦讀、恬詠密吟中感知，此亦可從其表現形式略窺一二。劉勰對於贊語的形式總結云：

> 古來篇體，促而不廣，必結言於四字之句，盤桓乎

數韻之辭。(〈頌贊〉)

四言、數韻既是贊語明顯的形式特徵，自然也成爲劉勰藉以流露聲情之美的一項表徵。以下作進一步說明。

（一）贊語的雅潤之風

關於四言之體，晉代摯虞便提出：「雅音之韻，四言爲正；其餘雖備曲折之體，而非音之正也。」[20]劉勰也說：「四言正體，以雅潤爲本；五言流調，以清麗居宗。」(〈明詩〉)概括出四言與五言詩風之不同。劉勰又說：「詩頌大體，以四言爲正。」(〈章句〉)可見位屬正統的四言之體，承接了《詩經》以降典雅溫潤的詩教傳統。[21]「摹經爲式者，自入典雅之懿。」(〈定勢〉)在宗經立言的思想指導下，「雅潤」不只是一種風格的理想，也成爲劉勰撰擬《文心雕龍》贊語所遵循的精神。

四言之體因音節少、字數少，密度較五言爲高，在表達上自得趨於簡潔精鍊，甚至須符合「字不得減，乃知其密」(〈鎔裁〉)之精神。檢視《文心雕龍》贊語，幾乎篇篇可見對偶、譬喻、用典等修辭技巧。成對可使辭句工整凝鍊，取喻可使形象生動婉麗，用典則使意旨淵雅含蓄，這些修辭方法正能有裨於精鍊雅麗風格的形成。如有學者指出：

篇末規範高雅的四言詩贊語，加強了《文心雕龍》

---

20 見摯虞：《文章流別論》，收錄於嚴可均《全上古三代秦漢三國六朝文·全晉文》（北京：中華書局），卷 77。

21 鍾嶸〈詩品序〉便以爲：「夫四言，文約意廣，取效風騷。」見陳延傑：《詩品注》（台北：里仁書局，1992 年 9 月），頁 2。

> 的典雅韻味。……《文心雕龍》贊語無論在思想上，
> 還是在形式上，都以正宗、高雅之姿盡展詩人情
> 靈，表現出典雅之體貌。[22]

由此可見贊語典雅風致之所由。以下從其中技巧方面做進
一步說明。

首先，贊語兩句一組，時有對偶，如：「百齡影徂，
千載心在」（〈徵聖〉）、「驚才風逸，壯采煙高」（〈辨騷〉）、
「立誠在肅，修辭必甘」（〈祝盟〉）、「觀風似面，聽辭如泣」
（〈誄碑〉）、「辭爲肌膚，志實骨髓」（〈體性〉）、「聲得鹽梅，
響滑榆槿」（〈聲律〉）、「聲畫昭精，墨采騰奮」（〈練字〉）、
「水停以鑒，火靜而朗」（〈養氣〉）、「一朝綜文，千年凝錦」
（〈才略〉）、「聲昭楚南，采動梁北」（〈程器〉）等等，皆相
當工整而練達，且能與正文的駢儷體勢搭配，可見劉勰迻
用麗辭的行文習慣與特長。以上不過略舉幾例，若將各篇
贊語中兩句成偶相對者加以統計，約計有九十組（二句爲
一組），幾達全部（共二百組）的百分之四十五，所佔比例
可說相當高。

其次，譬喻可佐助敘事說理，在《詩經》「比興」的
傳統下，劉勰也廣泛將其用於贊語之中[23]，如「鑒懸日月，

---

22 引見李小蘭、曾琪：〈文心雕龍批評文體三品〉，《江西財經大學學報》2007 年第 2 期（總 50），頁 106。
23 如朱清華〈從文心雕龍的贊曰看劉勰對詩經傳統的通變〉一文即指出：「《文心雕龍》的贊用"比興"的作用有二：一是言簡意賅，將整篇論文形象地總結；二是把創作思維過程中可意會不可言傳的狀態用生動可感的形象傳達出來，從 而上升到一定的理論高度。」見《寧夏大學學報》（人文社會科學版），第 24 卷 2002 年第 2 期，頁 50。

辭富山海」(〈徵聖〉)喻聖人透徹之見識與豐富的文辭;「枝辭攢映,噪若參昴」(〈雜文〉)喻雜文所散發的影響力;「筆銳干將,墨含淳酖」(〈奏啓〉)喻文筆的銳利有力;「湍迴似規,矢激如繩」(〈定勢〉)喻說作品氣勢自然形成,不可勉強;「玉潤雙流,如彼珩珮」(〈麗辭〉)以成雙的美玉喻麗辭的美感;「雕而不器,貞幹誰則」(〈程器〉)喻文德未能兼備之士有如未經雕琢成器之玉;各例託象寓意,辭理生動,形象鮮明。

最後,有關贊語中徵引用典之例,如「豈惟觀樂,於焉識禮」(〈樂府〉)引用《左傳》載吳國季札至魯觀樂之事;「說爾飛鉗,呼吸沮勸」(〈論說〉)用《鬼谷子·飛鉗》之語;「騰義飛辭,渙其大號」(〈詔策〉)用《周易·渙卦》爻辭;「枉轡學步,力止壽陵」(〈定勢〉)用《莊子·秋水》壽陵餘子邯鄲學步之事;「言必鵬運,氣靡鴻漸」(〈夸飾〉)分別化用《莊子·逍遙遊》及《周易·漸卦》之文;「羿氏舛射,東野敗駕」(〈指瑕〉)分別藉后羿誤射雀及《莊子·達生》所載善駕之東野稷敗而返兩事,喻能者亦可能一時疏忽而致誤失。綜觀上述,各例透過「用舊合機」之法,輔助論理,同時也爲贊語增添幾分淵奧古雅之風。

(二) 贊語聯貫流暢的情韻

劉勰說:「同聲相應謂之韻。」(〈聲律〉)朱光潛以爲韻的最大功用在「把渙散的聲音聯絡貫串起來,成爲一個完整的曲調。」[24]正點出韻的修辭作用。《文心雕龍》各篇

---

24 見朱光潛:《詩論》(台北:漢京文化事業,1982年12月),頁195。

每首贊語均為四言八句，偶句用韻，有四處韻腳，其韻腳
若依六朝當時的用韻狀況予以檢視，大致呈現了一韻到底
或協韻通押的情形[25]。這隔句用韻、一韻到底的體式，頗
具往而復返、迴環相應的效果，此即劉勰所謂「盤桓乎數
韻之辭」，既能避免句句用韻的拘牽迫促，又不致產生兩韻
輒易的「微躁」之病，是較為均勻合度的用韻方式。呂永
曾指出：

> 『結言於四字之句，盤桓乎數韻之辭』的篇末贊
> 語，有不少就是一首聲律、辭采與情理完美統一的
> 好詩。[26]

詩之形製圓潤，音律鏗鏘，讀來自有一番美感。因此《文
心雕龍》贊語用音韻本身的律動美感，配合選擇適合的韻
腳，便更能發揮感染力，打動人心。以下舉例說明。如〈辨
騷〉贊曰：

> 不有屈原，豈見離騷。驚才風逸，壯采煙高。
> 山川無極，情理實勞。金相玉式，豔逸鎔毫。

此贊以「騷」、「高」、「勞」、「毫」四字為韻，屬《廣韻》
下平聲第六豪。為配合〈辨騷〉所論對象，首先選定「騷」
字為韻腳，以下搭配運用「高」、「勞」、「毫」，皆屬響字，
讀來清晰響亮，而且平聲高揚，使整則贊語呈現出鮮明朗

---

25 有關各篇贊語韻部的分析，請詳參韓耀隆：〈文心雕龍五十篇贊語
用韻考〉，《文心雕龍研究論文集》，頁 33-70。
26 見呂永：〈文心雕龍的思維方式、結構方式、表述方式〉，《湘潭大
學學報》（哲學社會科學版），23 卷，1999 年第 2 期，頁 48。

麗之感，正與劉勰所謂〈離騷〉之「朗麗」[27]風格相應。

又如〈史傳〉贊曰：

> 史肇軒黃，體備周孔。世歷斯編，善惡偕總。
> 騰褒裁貶，萬古魂動。辭宗丘明，直歸南董。

此贊以「孔」、「總」、「動」、「董」爲韻，屬《廣韻》上聲第一董。首聯述「史」之早期發展，以人名爲對，選用「孔」字作韻腳，次聯敘史籍匯聚是非善惡之性質，三聯強調史籍寓有褒貶之重大功用，末聯又以人名爲對，舉左丘明、南史、董孤，作爲史家之準範。上聲韻較爲綿長，與董部韻腳聯合運用，使本則贊語韻氣連貫，恢弘沈穩，頗有史傳追求正直不阿的精神。

再如〈序志〉贊曰：

> 生也有涯，無涯唯智。逐物實難，憑性良易。
> 傲岸泉石，咀嚼文義。文果載心，余心有寄。

此贊以「智」、「易」、「義」、「寄」四字爲韻，屬《廣韻》去聲第五寘。贊中述及劉勰自身的生命感觸、人生理想及自我期許，句意明晰流暢，是一則直抒爲文胸臆，蘊含感發之情的贊語。而在低吟之中，選用開口細微[28]的去聲韻，亦頗能配合此贊悠長綿遠之情思。

---

27 《文心雕龍·辨騷》云：「〈騷經〉、〈九章〉，朗麗以哀志。」
28 參閱沈祥源：《文藝音韻學》（武漢：武漢大學出版社，1998 年 1月），頁 91。

韻的選用，與文情常有相當程度的關聯性[29]，但並非拘執不變，劉勰在選韻時也未必真的如此刻意；但是同韻一致的韻腳，的確能使全則贊語韻氣流暢一貫，加強誦讀時和聲成詠的情趣。

五、結　語

作者在寫作時，常會自覺或不自覺地運用一些辭章經營的策略或手法，以增進文章表達之效能，然而這些策略多半不由作者明言提點，仍得憑讀者直覺意會，因此頗易流於抽象虛渺，而欲詳其文情，則仍得透過字裡行間的線索，一一尋繹。本論文即聚焦於此，期能藉由多重角度，考察《文心雕龍》贊語的文章策略與藝術表現，以略窺劉勰為文之用心。

本章首先追溯《文心雕龍》運用贊語體例的源起，以為劉勰捃摭經史及外典，融貫多方，權衡行文的實際需要，在其巧筆點染下，充分實踐了通變的文學主張。其次，根據劉勰自己所論的贊體寫作準則 ──「約舉以盡情，照灼以送文」，來析論《文心雕龍》各篇的贊語，其中分別從全

---

29 關於用韻與文情之關係，王易《詞曲史》歸結云：「平韻和暢，上去韻纏綿，入韻迫切，此四聲之別也。東董寬洪，江講爽朗，支紙縝密，魚語幽咽，佳蟹開展，真軫凝重，元阮清新，蕭篠飄灑，歌哿端莊，麻馬放縱，庚梗振厲，尤有盤旋，侵寢沈靜，覃感蕭瑟，屋沃突兀，覺藥活潑，質術急驟，勿月跳脫，合盍頓落，此韻部之別也。」（北京：東方出版社，1996 年），構律第六，頁 246。

篇布局、用意類型、論敘效果等方面，略探可能運用的文章策略。最後，由劉勰所述「結言於四字之句，盤桓乎數韻之辭」的贊體形式特徵，來分析《文心雕龍》贊語的雅潤風格與聲情之美，如贊語中對偶、譬喻、用典等修辭技巧的運用，抑或隔句用韻、一韻到底所造成的流暢聲情，皆使原本平直無韻之文，在文末贊語的點染下，增添了不少宜讀宜誦的韻趣。

　　另外，也很重要，值得一提的是，劉勰博觀歷代作品，歸結出贊體的作法，然後以理論指導創作，以自身的贊語創作實績驗證理論，其理論與創作間的密切照應，應當也是劉勰《文心雕龍》文論廣受讚譽的重要原因。

　　總而言之，《文心雕龍》的贊語，是將論文的理性思辨與詩的感性情韻作結合的特殊體製，從文章修辭的角度來看，亦屬情思飄逸、文采飛揚的佳品，值得學者重新審視、再加研探。

第六章 《文心雕龍》之論體風格

一、前　言

　　風格的探索，一向是文學研究上的重要議題。對作者來說，講求風格是展現自我特性，以求自我樹立，區己別他的重要途徑；對賞讀者來說，概括風格則為進行深入鑑賞、表述作家創作才情及作品審美質性的必經過程。

　　《文心雕龍》是在特殊的時空下所產生的一部奇書，其書旨在「論文」，或探文學之源，或究文學之體，或論析文學創作之術，或闡述文學批評之理，雖以論理為主，並非純粹的文藝作品，然劉勰也在六朝文學自覺的趨勢下，極力追求評論文字的表述美感，在自己書中具體實踐文章的寫作藝術。在他高度創作才華的巧筆揮灑下，篇篇辭采雅麗可觀，面貌獨具，在中國文學理論批評發展史上自成一家，其以駢體著論，更可謂是兼顧文章理論與創作實踐的佼佼者。劉麟生曾指出：

　　英國文學批評家亞諾爾（Matthew Arnold）有言：文學批評之佳者，其本身即為文學。持此以論《詩品》及《文心雕龍》，真不易之妙論也。然彥和之筆，儷而能

密，雅而有致，謚為邏輯式之駢文，殆無不可。[1]

近年學者亦有持近似論調者，如謂：

> 《文心雕龍》很難得地用駢體寫就，這就意味著作者
> 同陸機一樣要同時完成兩種任務：一是批評理論著
> 作，一是文學作品。在兩者的融合方面，《文心雕
> 龍》可以說臻於完美。[2]

既然《文心雕龍》能以「儷而能密，雅而有致」之長，而
兼有批評理論著作及文學作品的雙重性質，屬於所謂「批
評文藝」[3]，因此關於其文章風格之探析，也就有了較為明
確的著力點。

歷來文家對《文心雕龍》風貌頗有賞評，如云「體大
而慮周」[4]，或者「理精意密，字順文從」[5]等，係從其書
的論理成就立論；而「文藻翩翩」[6]、「辭旨偉麗」[7]、「為
文亦稱贍雅」[8]等，則就文辭藻采特點上著眼。諸家所給予

---

1 引見劉麟生：《駢文學》（上海：商務印書館，1934 年），頁 85。
2 引見辛剛國：《六朝文采理論研究》（北京：中國社會科學出版社，
　　2005 年 2 月），第 5 章，頁 207。
3 如沈謙即謂：「以俳偶文體從事專門論述，是一本膾炙人口的『批
　　評文藝』傑作。」文見〈文心雕龍評述〉，《幼獅月刊》40 卷 1 期，
　　1974 年 7 月，頁 11。
4 語見章學誠：《文史通義·詩話篇》。
5 語見李執中：〈劉彥和文心雕龍賦〉，引自楊明照：《增訂文心雕龍
　　校注·下·品評第二》（北京：中華書局，2000 年 8 月），頁 660。
6 語見胡維新：《兩京遺編·序》，引自楊明照：《增訂文心雕龍校注·
　　下·品評第二》，頁 646。
7 語見沈津：〈百家類纂劉子新論題辭〉，引自楊明照：《增訂文心雕
　　龍校注·下·品評第二》，頁 647。
8 語見史念祖：〈俞俞齋文稿初集文心雕龍書後〉，引自楊明照：《增
　　訂文心雕龍校注·下·品評第二》，頁 659。

《文心雕龍》的概評，對於此書風貌特質之描述，已有大致輪廓。其實《文心雕龍》，不僅在體系結構、思理或文采等方面卓絕群倫，與其他文論著作面貌有別，其文章風格方面的特性，亦是此書獨步千古的重要因素，當予以評估考量。清劉熙載在比較司空圖《詩品》與劉勰《文心雕龍》、鍾嶸《詩品》三家論著時曾指出：「《詩品》之作，耽思旁訊，精騖神遊，乃司空氏生平最得力處。有劉舍人之精悍，而風趣過之；有鍾中郎之詳贍，而神致過之。」[9]旨雖在推贊司空圖《詩品》於「風趣」、「神致」上的特長，但其實也間接認定了《文心雕龍》「精悍」的風貌。然何以「精悍」？何處「精悍」？除了論文之體本身應有的「精悍」或者「嚴密」、「圓通」等風貌之外，如何更確切辨析並界定《文心雕龍》的文章風格？此實為值得進一步探索的課題。

　　《文心雕龍》暢論文章之理，五十篇各篇均設專題，並針對主題詳加闡析，綜理要則，五十篇專文如同劉勰所自云「適辨一理為論」（〈諸子〉），性質實近似「論」體。[10]故欲進一步探求《文心雕龍》的文章風格，從「論」體著眼，正能得到充分的印證，如此闡論不但名實相符，另也可作為檢視劉勰文論自我落實的重要依據。是以本章嘗試從風格的角度進行探究，由論體的基本特質為出發點，進而考察《文心雕龍》在文辭經營（形文）、音律調協（聲文）、

9　語見劉氏〈詩品臆說序〉，引自郭紹虞：《詩品集解·附錄》（北京：人民文學出版社，1963 年），頁 70-71。

10　如穆克宏〈談《文心雕龍》的表現形式的特點〉一文即云：「《文心雕龍》的體裁，按其性質來說，應屬於『論』。」見穆氏：《文心雕龍研究》（廈門：鷺江出版社，2002 年 8 月），頁 184。

情志表現（情文）上所透顯的文章風采，並與劉勰所揭舉的文體風格理想檢視對應，從中歸結出其書以駢著論及在論體風格方面的時代意義與成就。

二、論體之基本特質與風格

體裁與風格之間的關聯，一直以來就受到文論家關注。曹丕在〈典論論文〉中提出：「奏議宜雅，書論宜理，銘誄尚實，詩賦欲麗」，首先從前人寫作實踐中大致歸結出文體的寫作要點，「雅」、「理」、「實」、「麗」實有指涉風格之意；其後陸機在〈文賦〉更進而揭舉出十種文體的風格：「詩緣情而綺靡，賦體物而瀏亮，碑披文以相質，誄纏綿而淒愴，銘博約而溫潤，箴頓挫而清壯，頌優游以彬蔚，論精微而朗暢，奏平徹以閑雅，說煒曄而譎誑。」可見體裁其實也是影響風格表現的一項要素，不過兩者之間關係也未必完全對等，王元化對此分析云：

> 不同的體裁具有其本身所要求的不同風格，作家的創作不能違反風格的客觀因素，…不過，體裁祇是規定結構的類型和作品風格的基本輪廓。不同作家由於創作個性的差異，在寫同一體裁作品的時候，仍然會烙印下每個作家的創作個性特徵，顯示他所獨具的風格的共同基調。[11]

11　引見王元化：〈釋體性篇才性說－關於風格：作家的創作個性〉，《文心雕龍講疏》（上海：上海古籍出版社，1992 年 8 月），頁 130。

風格同時受主觀因素與客觀因素影響，作家本身的才性特質即主觀因素，至於體裁則屬客觀因素，是在「結構的類型和作品風格的基本輪廓」上予以大致的規範。因此，不同體裁在不同的內容需要與寫作要求下，或者同一體裁在不同特質作家的手上，其風格美感都會呈現些許差異。

　　「文體風格」可說是「該類文學體裁中許多代表作品風貌的概括。」[12]從〈典論論文〉的「書論宜理」，到《文賦》的「論精微而朗暢」，再至蕭統《文選・序》則綜合上述二者提出：「論則析理精微」，可見「論」之核心精神在「理」，且理應求「精微」。關於「精微」，《文選》李善注：「論以評議臧否，以當為宗，故精微朗暢。」[13]劉熙載《藝概》則更進一步對「論精微而朗暢」之說推闡云：

　　精微以意言，朗暢以辭言。精微者，不惟其難惟其是；朗暢者，不惟其易惟其達。[14]

凡此皆從以往論體作品風貌的概括，而漸成為論體寫作特質的共同規範。是故「以當為宗」以及「惟其是」、「惟其達」，可看作多數文家對論體寫作要求的普遍認知。再從《文心雕龍》本身對於「論」體寫作要則的觀點來看，如〈論說〉提出「論」之定義云：

　　論也者，彌綸群言，研精一理也。

12　參見楊成鑒：《中國詩詞風格研究》（台北：洪葉文化事業，1995年12月），第1章，頁19。
13　見《文選・卷十七・文賦》李善注。
14　見劉熙載：《藝概・文概》（台北：漢京文化事業，1985年9月），卷1，頁43。

對「論」體之寫作要領，指出：

> 論之為體，所以辨正然否；窮於有數，追於無形，
> 鑽堅求通，鉤深取極，乃百慮之筌蹄，萬事之權衡
> 也。故其義貴圓通，辭忌枝碎，必使心與理合，彌
> 縫莫見其隙；辭共心密，敵人不知所乘，斯其要也。

可知「論」之寫作，首先要能參稽眾說，彌綸群言，作為
「研精一理」的基礎；其次，應有定見，辨正事理的是非
然否，以作為衡量的標準；再者，要用鑽堅、鉤深的態度，
掌握事理關鍵；最後，論之表達要領，在義理方面，貴能
圓備通達；在文辭方面，要避免支離破碎，如此，辭與理
皆精審嚴密，方能使人無可乘之隙。至於「論」之理，有
正曲之別：

> 論如析薪，貴能破理。斤利者，越理而橫斷；辭辨
> 者，反義而取通。覽文雖巧，而檢跡如妄。唯君子
> 能通天下之志，安可以曲論哉？

意謂「論」雖如「析薪」的利斧，砍斫可以無往不利；然
若「越理而橫斷」、「反義而取通」，一味強詞奪理，妄加武
斷，違逆客觀規律，則其文乍看雖精巧，卻僅能曲人之口
而未必能服人之心，此即所謂「曲論」。此仍以「理」立論，
正好也回應了曹丕「書論宜理」的觀點。[15]是以紀昀曾指

---

15 如柯慶明謂：「他還是從儒家的『唯君子能通天下之志』的立場，
反對『越理而橫斷』，『反義而取通』的曲論，其重點似乎又回到
了曹丕的『書論宜理』。」參柯氏：〈論、說作為文學類型之美感
特質的探究 —— 中古文學部分的考察〉,《廖蔚卿教授八十壽慶論文
集》（台北：里仁書局，2003年2月），頁9。

出：「彥和論文多主理，故其書歷久獨存。」[16]

　　劉勰身處南朝，正好是玄理清談風氣盛行的時代，當時清談所採用的辯說方法，也連帶影響文章的表達形式，所謂「因談餘氣，流成文體」（〈時序〉），故上所述論之表達亦與辯論術同趣，皆強調「理」與「辭」的契合，使辭能達切理饜心的要求，其意正如劉熙載所云：「論不可使辭勝於理，辭勝理則以反人為實，以勝人為名，弊且不可勝言也。」[17]

　　論以「義貴圓通，辭忌枝碎」為基本寫作要求，可見涵蘊內容的「文義」與表現形式的「文辭」，均成為影響論體風格表現的關係要素。先從文義層面來看，「圓通」是劉勰所提出的文體特點要求，他對揚雄〈劇秦美新〉亦曾有「體製靡密，辭貫圓通」（〈封禪〉）之評，故知「圓通」可兼指內容或形式的圓備通達，姑不論此一詞彙與佛學義理之間的關聯，更重要的是怎樣的文章內容方可謂圓備通達？日人興膳宏以為「圓通」即「圓滿的完全性」或「理論的一貫性」[18]。可見恪守「研精一理」精神的論理之文，集中於某一論點，進行全面考量，詳加闡論，並使所論首尾圓合，脈絡貫通，即接近「圓通」的規準，故內容的圓通也就成為風格表現的要素。再就文辭的表現來看，「枝碎」

16 紀評見黃叔琳：《文心雕龍輯注・論說第十八》（台北：台灣中華書局），卷四。

17 語見劉熙載：《藝概・文概》（台北：漢京文化事業，1985 年 9 月），卷 1，頁 43。

18 見興膳宏：《興膳宏文心雕龍論文集》（濟南：齊魯書社，1984 年），頁 55。

是章句經營無方所致，在銳精細巧之下，辭理顯得凌亂無章，缺乏統貫之序。論文應以論點、論據爲要，當所有材料無法彌縫得體，在尺接寸附的手法之下，易使「辭」與「理」之間發生裂隙，既無法突出論點，也無法達到「心與理合」、「辭共心密」的要求。而欲免除此弊，仍當從「理」與「辭」之整體表達上著手，使言能成理，語各有倫，此即劉勰所謂「眾理雖繁，而無倒置之乖；羣言雖多，而無棼絲之亂」（〈附會〉）。劉勰在〈宗經〉提到「文能宗經，體有六義」的觀點，其中「義貞而不回」意謂持理之內涵雅正而不枉曲，「體約而不蕪」則謂體製要約而不蕪雜；前者可與「義貴圓通」相應，皆強調內涵之通達，後者則與「辭忌枝碎」相應，著重辭理的倫序，可見劉勰認爲宗經之文，可同時有助於內涵與辭理的呈現，是理想風格的最佳代表。

三、《文心雕龍》論體之多元風采

　　風格最能體現作家才性與作品的特徵，雖較爲抽象虛渺，有某種程度的不確定感，難以具體並確切評述，然而在文章美感的鑑賞上，仍屬不可或缺的環節。風格體現作家的個性，其顯示了作品的總體風貌與格調，故鑑賞過程，也當從整體考量，若局限於片段，就難免以偏概全之病[19]，

19　參見姜嵐東：《文學風格概論》（濟南：山東教育出版社，1996 年 3 月），頁 143。

而整體風格的鑑賞，仍應以細微局部為基礎，方得以進觀全局。蔣伯潛《文體論纂要》曾歸結文章風格可分別從具體方面如文辭、筆法、章句形式、格律、境界等，以及聲調、色味、神態、氣象等抽象方面予以辨別[20]，其舉列相當詳晰，可見文章具體或抽象諸要素與風格之間的聯繫，然此較適用於純詩文之賞評，若一一據以析述《文心雕龍》的文章風格，則難免繁複，也未盡切合。且創作多貴變，所謂「文章有多樣，才有變化，有變化才能光景常新，風格獨具」[21]，因此風格的表現也就很難僅就單一角度予以詮評。劉勰曾提出「立文之道，其理有三」，係從整體、多元角度來看文章的文采表現，他說：

> 一曰形文，五色是也；二曰聲文，五音是也；三曰情文，五性是也。（〈情采〉）

形文與聲文，為文章表現形式的文采，情文則為作者才情格調的展現，這三類文采的表現形態，涵括「義」與「辭」，當可作為風格鑑賞的切入點。誠如朱榮智所云：「形文與聲文，是屬於文章的技巧；情文是屬於作者的生命才調。作品的風格，是緣於這兩方面的結合。」[22]聶石樵也謂《文心雕龍》：「其敷藻能將形文、聲文、情文三者融匯無間，

---

20 詳參蔣伯潛：《文體論纂要》（台北：正中書局，1959 年台一版），19-20 章，頁 201-218。
21 引見王師更生：《重修增訂文心雕龍導讀》（台北：華正書局，1993 年 7 月），頁 55。
22 引見朱榮智：《文氣與文章創作關係研究》（台北：師大書苑，1988 年 3 月），第五章〈文氣與文章風格〉，頁 154。

形成統一的優美風格。」[23]故本節也嘗試以此三種文采為基準,檢視《文心雕龍》在文辭經營、音律調協、情志表現上的特色,期能略觀其論體之文的多元風采。

(一)形文之剛柔與雅麗

小從字句的斟酌,大至篇章的經營,寫作手法的濃淡巧拙,都是構成形文的一部分。散與駢為文章主要組成形態,體製雖異,但其實本非對立,正如清孫德謙所謂:

> 駢體之中,使無散行,則其氣不能疏逸,而敘事亦不清晰。駢文之中,苟無散句,則意理不顯。[24]

可見散體顯然較駢體更宜於敘事表意。從文氣表現來看,散體文句錯落,注重自然氣韻,追求文氣壯盛,而駢體則務求文句整練,氣韻曼妙,情致顯得婉約[25],其間區別則如孫德謙以為:

> 文氣貴分清濁,尤宜識陰陽之變,近世古文家,其論文氣也,有陽剛陰柔之說,立論最確當不易。以吾言之,六朝駢文即氣之陰柔者也。…六朝文體蓋得乎陰柔之妙矣。[26]

23 引見聶石樵:《魏晉南北朝文學史》(北京:中華書局,2007年11月),頁439。
24 引見孫德謙:《六朝麗指》(台北:新興書局,1963年11月),頁37、50。
25 如張仁青謂:「散文主文氣旺盛,則言無不達,辭無不舉。駢文主氣韻曼妙,則情致婉約,搖曳生姿。」見張氏:《中國駢文析論》(台北:東昇出版事業,1980年10月),頁27。
26 引見孫德謙:《六朝麗指》(台北:新興書局,1963年11月),頁14-15。

此本姚鼐所謂剛柔之說，指出駢文偏於陰柔風格。劉勰謂：
「情理設位，文采行乎其中。剛柔以立本，變通以趨時」，
（〈鎔裁〉）又謂：「剛柔雖殊，必隨時而適用」，（〈定勢〉）
指出作家才性氣質之剛柔確立作品文采表現之基調，但仍
應隨實際狀況變通，而這正是作品「體變遷貿」（〈神思〉）
的要因。姚鼐以爲天地間陰陽二端，「糅而偏勝可也，偏勝
之極，一有一絕無，與夫剛不足爲剛，柔不足爲柔者，皆
不可以言文」（〈復魯絜非書〉），又以爲「陰陽剛柔並行而
不容偏廢」（〈海愚詩鈔序〉），可見陰陽相反相成，對立卻
統一的關係，亦適用於文章之理。是故行文中將散駢交互
參雜，蓋即「隨時而適用」，避免「偏勝之極」，也是剛柔
相濟的一種創作表現。[27]《文心雕龍》行文以駢儷爲主，
其措辭求美的意向相當明顯，但劉勰也配合論理之實際需
要，適時參用單行散句作爲調節，使篇製在「迭用奇偶，
節以雜佩」（〈麗辭〉）中，無呆板單調之病而有錯綜變化之
妙。茲舉《文心雕龍》文句爲例，如〈事類〉篇中一段：（加
底線者爲駢句）

> 夫<u>經典沈深，載籍浩瀚</u>，實群言之奧區，而才思之
> 神皋也。揚班以下，莫不取資，<u>任力耕耨，縱意漁</u>
> <u>獵</u>，操刀能割，必裂膏腴。是以將贍才力，務在博
> 見，<u>狐腋非一皮能溫，雞蹠必數千而飽矣</u>。是以綜

---

27 如曾祖蔭概括陽剛之美與陰柔之美兩種風格典型時有謂：「這兩種
  美固然有所偏重，可是卻又互相滲透，而形成一種剛柔相濟之美。」
  見曾氏：《中國古代文藝美學範疇》（台北：文津出版社，1987 年
  8 月），頁 373。

> 學在博，取事貴約，校練務精，捃理須覈，眾美輻
> 輳，表裏發揮。劉劭趙都賦云：「公子之客，叱勁
> 楚令歃盟；管庫隸臣，呵強秦使鼓缶。」用事如斯，
> 可稱理得而義要矣。故事得其要，雖小成績，譬寸
> 轄制輪，尺樞運關也。或微言美事，置於閑散，是
> 綴金翠於足脛，靚粉黛於胸臆也。

此段中「經典沈深」與「載籍浩瀚」兩句、「群言之奧區」
與「才思之神皋」兩句、「任力耕耨」與「縱意漁獵」兩句、
「狐腋」與「雞蹠」兩句，均單句相對；其後「綜學在博」
等連用四句排偶，「眾美輻輳，表裏發揮」又為一組駢句；
接著舉劉劭趙都賦中兩則典實為例，亦用雙句對；最後「寸
轄制輪」兩句、「綴金翠」兩句，則皆取譬為對。可見駢句
為主要句型，在一路鋪排之下，頗覺整練，然其間又雜用
若干單行散句作為調節，或開啟下文，或承上收束，或作
一般敘述，因而使整練中也有錯落之感。本段在奇偶交互
之間，文意承接順當暢達，句型也顯得靈活有變化。關於
這樣的體勢，清包世臣指出：

> 討論體勢，奇偶為先，凝重多出於偶，流美多出於
> 奇。體雖駢，必有奇以振其氣；勢雖散，必有偶以
> 植其骨，儀厥錯綜，致為微妙。[28]

可知駢散錯綜，使剛柔交替，凝重與流美兼具，如此有氣

---

28 見包世臣：《藝舟雙楫·文譜》（台北：台灣商務印書館，國學基
本叢書），頁 1。

有骨，文勢自能超逸不凡。故清劉開所謂《文心雕龍》有「馳騁之勢」[29]，大體正緣於此。

　　另外，劉勰堅持情采並重的文學觀念，意即作品之內容與形式應兼顧，而其審美極致的代表，則首推經典。在劉勰眼中，經典是聖人以絕佳創作力，在雅正的思想規準之下追求華麗的成品，所謂「聖文之雅麗，固銜華而佩實者也」（〈徵聖〉），爲內涵之「雅」與形式之「麗」的完美結合體，故能成爲「雕琢其章，彬彬君子」（〈情采〉）的典型。因而「雅麗」，不僅是劉勰評價作品的標準，也自然成爲他自己經營辭章所追求的理想風格。在六朝唯美的文風之下，追求「麗」已是普遍創作現象，但要兼顧「雅」，則必須對辭采有所節制，以免「采濫辭詭」（〈情采〉）而流爲「淫麗」。因此，劉勰以「稟經以製式，酌雅以富言」（〈宗經〉）爲創作理念的宗經觀，必然影響其文章風格的呈現，所謂「模經爲式者，自入典雅之懿。」（〈定勢〉）劉勰在〈體性〉篇中歸納文章風格類型時，將「典雅」列爲八體之首，並定義云：「典雅者，鎔式經誥，方軌儒門者也。」可見典雅一格主要以宗經爲思想基礎，但若加以推衍，則如黃季剛所云：「義歸正直，辭取雅馴，皆入此類。」[30]王師更生亦謂：

29　劉開云：「以駢儷之言，而有馳騁之勢，含飛動之采，極瓌瑋之觀，其惟劉彥和乎！」見《劉孟塗駢體文・卷二・書文心雕龍後》，引自楊明照：《增訂文心雕龍校注・下・品評第二》，頁 653。

30　引見黃侃：《文心雕龍札記・體性第二十七》（台北：文史哲出版社，1973 年 6 月），頁 98。

> 因其鎔鑄經典，取法訓詁，納軌範於儒家的門牆，
> 所以思想上必須義理正大，形式上必須辭取雅
> 馴。……以典為雅者，善用史事經誥。……彥和以
> 「典雅」連文，則知文之屬於此體者，能融會古人
> 之用心，開拓當前之意境，出絢爛於平淡，化陳腐
> 為神奇。以會通求超勝，以涵泳為創新。[31]

可知從事義與文辭兩方面，正足以檢視《文心雕龍》論體
的典雅風格。

　　先從事義方面說明。為文必有中心思想，這中心思想
會影響材料的揀擇，而所選用材料的取向則易造成作風的
殊異，三者之間的關聯性其實相當密切。劉勰《文心雕龍》
以「敷讚聖旨」、「益後生之慮」（〈序志〉）為著書旨意，因
此在「鎔鑄經典之範」（〈風骨〉）的創作理念下，立意取材
大致切合經典雅正之風。就實際行文現象來看，或時見援
引經典文句以資佐證者，如〈徵聖〉云：

> 是以論文必徵於聖，窺聖必宗於經，《易》稱：「辨
> 物正言，斷辭則備。」《書》云：「辭尚體要，不惟
> 好異。」

即引《周易·繫辭》、《尚書·畢命》之文句，揭陳為文當
徵聖宗經之理。又〈程器〉開篇：「周書論士，方之梓材，
蓋貴器用而兼文采也。」藉《尚書·周書》之語，引出文

31　引見王師更生：〈劉勰的風格論〉，《文心雕龍新論》（台北：文史
　　哲出版社，1991 年 5 月），頁 59。

行並重之理。或有鎔鑄經典語句以裨益行文者,如〈麗辭〉追溯麗辭之發展源流云:

> 唐虞之世,辭未極文,而皋陶贊云:「罪疑惟輕,功疑惟重。」益陳謨云:「滿招損,謙受益。」豈營麗辭,率然對爾。易之文繫,聖人之妙思也。序乾四德,則句句相銜;龍虎類感,則字字相儷;乾坤易簡,則宛轉相承;日月往來,則隔行懸和:雖句字或殊,而偶意一也。至於詩人偶章,大夫聯辭,奇偶適變,不勞經營。

首先從唐堯虞舜之世談起,然後引據《尚書・大禹謨》所載皋陶語「罪疑惟輕,功疑惟重。」以及益之贊語云:「滿招損,謙受益。」說明早期著作中之對偶文句,並非刻意經營,而是「率然對爾」;另「序乾四德」、「龍虎類感」、「乾坤易簡」、「日月往來」等,則分別就《周易・乾卦・文言》、《周易・繫辭》中取例,列舉對偶之各種句式;最後就《詩經》、《左傳》、《國語》等書中詩人、大夫之偶章聯辭現象,歸納出對偶之產生實為循順自然,隨機應變的文學觀點。段中取例皆出自《書》、《易》、《詩》等經典,剪裁以鑄新意的功力極強,且其論述有理有據,表達精覈圓密,確為徵聖立言的雅正精神典型。又例如〈物色〉云:「皎日嘒星,一言窮理;參差沃若,兩字連形。」即從《詩經・王風・大車》「有如皦日」、《詩經・召南・小星》「嘒彼小星」、《詩經・周南・關雎》「參差荇菜」、《詩經・衛風・氓》「桑之未落,其葉沃若」等文句中取用詞彙,以歸結圖貌寫物的

原則，其化用無跡，卻字字有來歷。其他據事類義、援古證今之例尚眾，茲不詳舉，然從而可見用典確有藉「摭拾鴻采來造成文章典雅的風格」[32]的效果。另外，或有根據經典體要進行論評者，如對於四言及五言詩之體製，歸結云：

> 四言正體，則雅潤為本；五言流調，則清麗居宗，華實異用，惟才所安。故平子得其雅，叔夜含其潤，茂先凝其清，景陽振其麗；兼善則子建仲宣，偏美則太沖公幹。（〈明詩〉）

此以「正體」與「流調」對比，反映出「模經為式者，自入典雅之懿」方為正統的一種審美觀，而以「雅」、「潤」、「清」、「麗」分評諸作家主要風格，並確指其中「兼善」與「偏美」者，評斷語意堅確，具有相當程度的概括性及權威性，可顯見其以經典體要為主導的文學識略。

　　再從文辭方面來看。劉勰曾謂：「史論序注，則師範於覈要」（〈定勢〉），可知論之行文詞彙應以精確扼要為基本原則。《文心雕龍》練字務求雅達，造句則力避冗贅，因此文章除了精確扼要，「忌枝碎」之外，也頗覺典雅凝鍊。關於字句之錘鍊，劉師培以為：

> 欲求文潔，宜先謀句勁。造句從穩字入手，力屏浮濫漂滑，由穩定再加錘鍊，則自然可得勁句。句勁

32　參見黃永武：《字句鍛鍊法》（台北：洪範書店，1986 年 1 月），「怎樣使文句華美 —— 用典」，頁 82-83。

文潔，光彩自彰。[33]

可見字句的錘鍊選用對於文章風格所造成之影響。從《文心雕龍》幾則遣辭用字實例來看：

> 漢初詞人，循流而作，陸賈扣其端，賈誼振其緒，枚馬播其風，王揚騁其勢。（〈詮賦〉）
> 金錫以喻明德，珪璋以譬秀民，螟蛉以類教誨，蜩螗以寫號呼，澣衣以擬心憂，卷席以方志固。（〈比興〉）
> 爰至有漢，運接燔書，……自獻帝播遷，文學蓬轉，……詩必柱下之旨歸，賦乃漆園之義疏。（〈時序〉）

第一例列舉了漢初辭賦大家，劉勰用「扣」、「振」、「播」、「騁」等動詞概括其功，與「端」、「緒」、「風」、「勢」等詞搭配成句，點出諸家在賦體發展歷史上啓引開端、振奮緒業、傳播風氣及馳騁機勢的貢獻與地位，詮衡裁量之用字相當精確，語意也雅鍊扼要。第二例列舉了《詩經》中使用的「比義」實例，各句所用「喻」、「譬」、「類」、「寫」、「擬」、「方」六字，其實皆與比擬之意義近同，然不但能完全迴避重出，而且搭配賅當，毫無勉強拘牽之感，充分體現其酌字鍊句的絕妙功力。第三例中分別以「燔書」代稱秦代、「蓬轉」喻指文人流徙漂泊、「柱下」代指老子、「漆園」代指莊子等，運用借代喻指之法，不以通用語彙逕稱，頗有求典雅、避凡俗的效果。由此可見劉勰對於字句的錘

---

33 引見劉師培：《漢魏六朝專家文研究》（台北：台灣中華書局，1982年3月），頁56。

鍊相當講究，或用字扼要，或避字重出，或取代通俗，字
字皆經反覆推敲，鍊字則字少而意足，此實有裨於行文之
雅馴富贍。

由上述可見《文心雕龍》在事義與文辭表達上，力求
典雅，與其駢體求美之華麗本色相搭配，正能形成雅麗之
風，所以王運熙謂：

> 《文心雕龍》全書語言優美，富有文學性，可說就
> 是實踐了他的主張，風格雅麗的一部創作。[34]

可見劉勰行文結合雅麗的修辭表現，與他所秉持的創作理
念能相互照應。

（二）聲文之錯綜與婉轉

劉勰謂「形立則文生，聲發則章成」（〈原道〉），可見
形與聲是文章必然具備的要素，隋陸法言也說：「凡有文
藻，即須明聲韻。」[35]注重聲律表現是駢儷文的重要特點，
《文心雕龍》當然也不會忽略。《文心雕龍》雖未像標準駢
儷講究嚴格精細的平仄規律，要求字字精工，也不如一般
散文的靈活自由，然仍於行文之際，以暢論文理為要，秉
持「音以律文」（〈聲律〉）之則，使抑揚抗墜自然合節。與
六朝駢儷相較，《文心雕龍》之聲文表現顯然自具風貌，獨
樹一格。劉勰謂：「聲畫妍嗤，寄在吟詠，滋味流於下句，

---

34 引見王運熙：〈文心雕龍的宗旨、結構與基本思想〉，收錄於《文
心雕龍研究論文選》（濟南：齊魯書社，1988 年 1 月），頁 254。
35 見〈切韻序〉，附於《宋本廣韻》（台北：黎明文化事業，1976 年
9 月），頁 13。

風力窮於和韻。」(〈聲律〉)可知要賞評聲文之表現,當透過吟味諷詠,而吟詠之際,最能直接感受到句型和協韻所帶來的文章風采。以下即試從句型與協韻兩方面進一步說明。

在句型方面,《文心雕龍》奇偶迭用、駢散並行的行文特點,使文氣靈活暢達,此已於前述及;而《文心雕龍》句式以四言、六言為基調,又適時參入五言、七言等雜言句型,避免百句不遷所造成的單調昏沈之感,如此不但符合「四字密而不促,六字裕而非緩。或變之以三五,蓋應機之權節也」(〈章句〉)的組句原則,也是使聲文在和諧中帶有錯綜之感的調節手法。如〈論說〉其中一段:

> 暨戰國爭雄,辨士雲湧;從橫參謀,長短角勢;轉丸騁其巧辭,飛鉗伏其精術;一人之辨,重於九鼎之寶,三寸之舌,強於百萬之師;六印磊落以佩,五都隱賑而封。至漢定秦楚,辨士弭節,酈君既斃於齊鑊,蒯子幾入乎漢鼎;雖復陸賈籍甚,張釋傅會,杜欽文辨,樓護脣舌,頡頏萬乘之階,抵戲公卿之席,並順風以託勢,莫能逆波而泝洄矣。

此段大致以連續的對偶句式組成,首先是「四—四」之對,接著為「六—六」之對,再來是「四六—四六」之雙句對,然後為「六—六」、「七—七」之對,最後在四言排比、六言對、五言對中結束上文。全段除起首「暨戰國爭雄」兩句以及中間「至漢定秦楚」兩句作為過渡未對之外,其餘句句成對,相當工整典麗,雖無散句錯雜其中,但以句型

的變化作爲調節，或四言、六言的單句對，或是四六間隔
作對，或五、七言交雜，在多樣組合中，變化有致，避免
了連續對偶所易產生的呆板之感。另外，句中音節的參差，
也可發揮調節辭氣的作用，如〈通變〉之首段：

> 夫設文之體有常，變文之數無方，何以明其然耶？
> 凡詩賦書記，名理相因，此有常之體也；文辭氣力，
> 通變則久，此無方之數也。名理有常，體必資於故
> 實；通變無方，數必酌於新聲：故能騁無窮之路，
> 飲不竭之源。然綆短者銜渴，足疲者輟塗，非文理
> 之數盡，乃通變之術疏耳。故論文之方，譬諸草木，
> 根幹麗土而同性，臭味晞陽而異品矣。

段中先後以「六—六」、「四四六－四四六」、「四六—四六」、
「五—五」、「六—六」、「七—七」等對偶句式組成，相當
靈活多變。五言句中，節奏或爲「一、四」，如「騁／無窮
之路，飲／不竭之源」，或爲「三、二」，如「綆短者／銜
渴，足疲者／輟塗」；六言句中，節奏或爲「四、二」，如
「設文之體／有常，變文之數／無方」，或爲「一、三、二」，
如「體／必資於／故實」、「數／必酌於／新聲」，或爲「一、
四、一」，如「非／文理之數／盡，乃／通變之術／疏」。
關於此，穆克宏指出：「這些句子字數相同，而節奏不同，
交錯使用，形成一種節奏之美。」[36]從而可見節奏形式配
合句型調節，或作奇頓，或爲偶頓，文章讀來參差有節，

---

36 引見穆克宏：〈談《文心雕龍》的表現形式的特點〉，《文心雕龍研
   究》（廈門：鷺江出版社，2002 年 8 月），頁 202。

頗具錯落的韻律感。

在協韻方面，《文心雕龍》正文並不用韻，然繫於各篇之末的四言贊語，則完全爲字數固定、句式整齊的韻文，頗近似「論文之詩」。文章論理於前，贊語宣誦於後；前爲主體，後爲附屬；前無韻，後有韻；前爲駢散合轍，後爲四言之體。這樣駢、散、韻共帙一體的設計，體製和諧而聲情婉轉，自能構成琅琅可誦的篇製。

《文心雕龍》各篇贊語均由四言八句之體式組成，偶數句句尾用韻，故有四處韻腳，其韻腳若依六朝當時用韻狀況來看，大致呈現出一韻到底或協韻通押的情形[37]。這隔句用韻、一韻到底的體式，正具有往而復返、迴環相應的效果，此即劉勰所謂「盤桓乎數韻之辭」（〈頌贊〉），既能免除句句用韻的拘牽迫促之感，又不致產生兩韻輒易的「微躁」之病，屬於較爲均勻合度的用韻方式。劉勰說：「同聲相應謂之韻。」（〈聲律〉）朱光潛以爲韻的最大功用在「把渙散的聲音聯絡貫串起來，成爲一個完整的曲調。」[38]點出用韻可將聲音聯貫，使篇製產生前後應和的效果。茲舉最廣受學者注目，也最常受到好評的〈物色〉一篇的贊語爲例綜合說明：

> 山沓水匝，樹雜雲合。目既往還，心亦吐納。
> 春日遲遲，秋風颯颯。情往似贈，興來如答。

---

37 有關各篇贊語韻部的分析，請詳參韓耀隆：〈文心雕龍五十篇贊語用韻考〉，《文心雕龍研究論文集》（台北：淡江文理學院中文研究室，1970 年），頁 33-70。

38 見朱光潛：《詩論》（台北：漢京文化事業，1982 年 12 月），頁 195。

此贊以「合」、「納」、「颯」、「答」四字爲韻,均屬《廣韻》
入聲第二十七合韻。首聯以「山」、「水」、「樹」、「雲」來
代表自然景物,描摹出一幅詩情畫意,令人陶醉的美景。
人流連於其中,觸景生情,所謂「情以物遷,辭以情發」,
因此在欣賞之餘,訴諸吟詠,形之文辭,此即次聯所云:「目
既往還,心亦吐納。」第三聯「春日遲遲,秋風颯颯」,言
季節更迭,「物色」之感動人心;末聯「情往似贈,興來如
答」,則喻示作家之情與自然之景間情往興來、互相贈答的
寫作時的微妙歷程。整則贊語,自然成對,文辭優美,意
境高雅,在情景交融間,闡發了物色對於作家的影響,所
以紀昀曾對此贊給予高度的肯定與讚賞,評曰:「諸贊之
中,此爲第一。」[39]如學者以爲:

> 贊詞皆情理交織,詩中有畫,似無理論論證,卻是
> 對上文要義的高度概括。……五十首贊詞詩情畫
> 意,極富意境美,具有綺麗的情致。[40]

可見這樣的贊語用在論理文章之末,以近似詩的圓潤形
製,迴環的韻律,來回顧正文意旨,完足文勢,概括文義,
可謂音律、辭采與情理兼備,是故在理性思辨的智慧之外,
讀誦之時,亦頗能讓人感受到婉轉流暢的詩意風采。[41]王

---

39 見黃叔琳注、紀昀評:《文心雕龍輯注・物色篇》(台北:台灣中
　 華書局四部備要本),卷十。
40 見李小蘭、曾琪:〈文心雕龍批評三品〉,《江西財經大學學報》2007
　 年第 2 期(總 50),頁 106、108。
41 如朱清華〈從文心雕龍的贊曰看劉勰對詩經傳統的通變〉文中謂:
　 「《文心雕龍》的贊語,以詩歌的文體寫得文采飛揚,寓抽象的論
　 理於形象的言語之中,理性思辨詩意化了。」文見《寧夏大學學
　 報》(人文社會科學版),第 24 卷,2002 年第 2 期,頁 51。

利器曾指出:

> 《文心》的每篇文章連後面的贊語,所運用的語言
> 及句子的結構,基本上是求駢儷聲律之美的。[42]

是知和諧、錯綜而又婉轉的聲文,對於《文心雕龍》論文
風格之呈現,顯然具有一定程度的影響作用。

(三)情文之蘊藉與穎秀

　　形文與聲文的風格大致可從文辭的表現形式來感
知;而情文則必須從內容涵蘊來探索。劉勰謂:「吐納英華,
莫非情性」(〈體性〉)可知「情性」常是主導作家作風的關
鍵因素。劉勰在南朝「體情之製日疏,逐文之篇愈盛」(〈情
采〉)的文風下撰著《文心雕龍》,情性不但是其持以衡量
作品優劣的審美標準,也是在樹德建言、敷贊聖旨等內外
動機的自我期許,因此劉勰藉《文心雕龍》來寄託真情實
感的這一特點,顯然與純粹論理的文章有別,而這也正可
作為情文之風的探索起點。所謂:「好的文學作品,具有理
想風格的文學作品,必然是真性情,能夠表現真我的作品。」
[43]是以從《文心雕龍》字裡行間體會其「散鬱陶,托風采」
(〈諸子〉)的情性,當能從「披文入情」過程中,略見其
文章風格。

　　《文心雕龍》篇幅多不甚長,但文末常用疑問、反詰

---

42 見王利器:《文心雕龍新書・序錄》(台北:宏業書局)。
43 引見朱榮智:《文氣與文章創作關係研究》(台北:師大書苑,1988
　　年3月),第五章〈文氣與文章風 格〉,頁155。

或感嘆的方式作結[44]，使文章似終而意仍未止，更具言外
之餘韻，例如〈宗經〉文末：

> 建言修辭，鮮克宗經，是以楚豔漢侈，流弊不還，
> 正末歸本，不其懿歟！

「楚豔」，係指《楚辭》所呈現的華豔風格；「漢侈」則是
賦中大肆渲染與過度虛飾，所造成盡情驕奢的創作習氣。
文風一旦流於「豔」、「侈」，弊端也將接連叢生，故此重申
「正末歸本」的主張，期能回歸經典雅正之體以廓清文弊。
最後「不其懿歟」四字收束全文，反詰語氣卻兼有規戒、
歎惋之意，流露出劉勰濟世與憂世的情懷。又如〈定勢〉
文末云：

> 舊練之才，則執正以馭奇；新學之銳，則逐奇而失
> 正；勢流不反，則文體遂弊。秉茲情術，可無思邪？

此謂老練的作家，掌握雅正的原則，尚能駕馭文辭，並推
陳出新；而急切於出鋒頭的新銳，則往往只顧追逐新奇，
而漸偏離正道，而文章體式敗壞之勢也如江河日下，一去
不返。因此，深曉文情文術的作家們，面對此一訛勢，又
怎能不詳加思量呢？「可無思邪」，既是劉勰對時人文士們
的衷心呼籲，也頗具對自身責任反思鑑戒之意，筆端蘊含

---

44 據統計，《文心雕龍》以詰問或感歎語氣作結者，約計二十一篇，
這二十一篇為：〈宗經〉、〈頌贊〉、〈祝盟〉、〈銘箴〉、〈諧讔〉、〈史
傳〉、〈諸子〉、〈論說〉、〈章表〉、〈議對〉、〈神思〉、〈風骨〉、〈通
變〉、〈定勢〉、〈鎔裁〉、〈聲律〉、〈章句〉、〈物色〉、〈才略〉、〈知
音〉及〈序志〉等。

了無限的互勉之情。

另外，劉勰行文擅於設喻，除了文句因而生動多姿之外，其借此喻彼的間接手法，也頗有曲達事理，使情思更顯得婉轉含蓄的作用。黃亦真對此分析云：

> 使用比喻法，尤其是「借喻法」，能使文章意旨含蓄。因為借喻法，祇寫「喻依」，不寫「喻體」，本意寄託於比喻文字中，是不直接表達的。[45]

設喻雖是形文表現中常用的寫作技巧，但將「本意寄託於比喻文字中」，實有間接傳情敘理表意的效果。以下從幾則用喻之例來說明：

> 故比類雖繁，以切至為貴，若刻鵠類鶩，則無所取焉。（〈比興〉）
>
> 若掠人美辭，以為己力，寶玉大弓，終非其有。全寫則揭篋，傍採則探囊，然世遠者太輕，時同者為尤矣。（〈指瑕〉）
>
> 若夫器分有限，智用無涯，或慚鳧企鶴，瀝辭鑴思；於是精氣內銷，有似尾閭之波；神志外傷，同乎牛山之木。（〈養氣〉）

第一例借「刻鵠類鶩」為喻，來間接指涉不夠切至的比喻之病；第二例論及為文抄襲剽竊之病，分別徵引《春秋》、《莊子》之典，所謂「寶玉大弓，終非其有」、「揭篋」、「探

---

45 引見黃亦真：《文心龍比喻技巧研究》（台北：學海出版社，1991年2月），第五章，頁180。

囊」其實皆「抄襲」之意,但在設喻用典的筆法下,「掠人美辭」之語意便顯得相當委婉而不直接;第三例中,「慚鳧企鶴」化用《莊子‧駢拇》「鳧脛雖短,續之則憂;鶴脛雖長,斷之則悲」之典,以喻一般人嫌棄自己才智淺薄,羨慕他人才識高深的心態,因而創作時極力洗鍊文辭,刻畫情思,如此過度消耗精神意志,其結果自如同日夜不停流洩的「尾閭之波」,以及砍伐殆盡的「牛山之木」,不但違反自然之理,而且事倍功半,神疲氣衰,此處連續用借喻、明喻之法,其顯得生動具體,但語氣仍相當婉曲,似隱寓鍼砭時俗文士「爲情而造文」的言外之旨。[46]

　　以上所述疑問、反詰或感嘆的結尾方式,以及設喻曲達的寫作手法,皆大致顯現了《文心雕龍》情思蘊藉的一面。至於與蘊藉含蓄相對而言的獨拔穎秀之情文風格,則可從劉勰在評斷詮解時的行文特點來觀察。先從〈序志〉來看:

> 及其品評成文,有同乎舊談者,非雷同也,勢自不可異也;有異乎前論者,非苟異也,理自不可同也。同之與異,不屑古今,擘肌分理,唯務折衷。按轡文雅之場,環絡藻繪之府,亦幾乎備矣。

此處劉勰自述《文心雕龍》一書取材的基本態度,他不刻

---

46 此依據王師更生所云:「我們細繹篇中,一則曰鑽礪過分,再則曰爭光鬻采,三則曰慚鳧企鶴,四則曰瀝辭鐫思,其鍼砭當世文士,苦思求工,以鬻聲名,釣利祿之意,更見諸文辭之外。對爲文造情的作者而言,不啻是一記當頭棒喝啊!」參見《文心雕龍讀本‧養氣第四十二‧解題》(台北:文史哲出版社,1985 年 4 月),下冊,頁 232。

意求新，也不隨聲附和，異同取捨之間，全憑「折衷」之
理，不以古今爲斷，故態度顯得相當平允客觀。因此，劉
勰認爲只要掌握《文心雕龍》一書，便足以在文場筆苑上
縱橫馳騁，「亦幾乎備矣」一語，當是對自己著書的自信與
自負，故紀昀謂：「結處自負不淺。」[47]可見劉勰對於《文
心雕龍》之論有高度的信心，然這自信並不意味咄咄逼人
的滔滔雄辯，而是經過審慎分析考量之後的理性思辯，這
也是「論」之精神的展現。進一步而言，在《文心雕龍》
中，劉勰持論以「彌綸群言」、「唯務折衷」爲基礎，行文
時見穎絕特出的論文觀點，尤其篇中的警語秀句更常是畫
龍點睛之筆，具有陸機〈文賦〉所謂「立片言而居要」的
效果。劉勰謂：「秀也者，篇中之獨拔者也。」（〈隱秀〉）
精心鍛鑄、獨創秀拔之語句，一方面可振舉文意，煥發論
旨，另也當有展現特識，自求樹立的企圖。如下列所選錄
的各篇中名言佳句：

> 論文必徵於聖，窺聖必宗於經。（〈徵聖〉）
> 宋初文詠，…情必極貌以寫物，辭必窮力而追新，
> 此近世之所競也。（〈明詩〉）
> 情以物興，故義必明雅；物以情觀，故詞必巧麗。
> （〈詮賦〉）
> 凡說之樞要，必使時利而義貞，進有契於成務，退
> 無阻於榮身。（〈論說〉）

---

47 紀評見黃叔琳：《文心雕龍輯注·序志第五十》（台北：台灣中華
　　書局），卷十。

臨篇綴慮，<u>必</u>有二患：理鬱者苦貧，辭溺者傷亂。
（〈神思〉）

童子雕琢，<u>必</u>先雅製，沿根討葉，思轉自圓。（〈體性〉）

練於骨者，析辭<u>必</u>精；深乎風者，述情<u>必</u>顯。（〈風骨〉）

繁采寡情，味之<u>必</u>厭。（〈情采〉贊）

<u>必</u>使理圓事密，聯璧其章，迭用奇偶，節以雜佩。
（〈麗辭〉）

才為盟主，學為輔佐，主佐合德，文采<u>必</u>霸。（〈事類〉）

才童學文，宜正體製，<u>必</u>以情志為神明，事義為骨
髓，辭采為肌膚，宮商為聲氣。（〈附會〉）

摛文<u>必</u>在緯軍國，負重<u>必</u>在任棟梁。（〈程器〉）

類似的精言要句，《文心雕龍》各篇頗不少見。上列各句或
屬對工整，或設喻精切；或揭舉思想樞紐，或概括文體特
色，或歸結寫作要點，或表達文學理念，其用語凝鍊，思
理清晰，筆力不凡，尤其諸句中均用表論斷之「必」字（此
行文之例其實相當眾多，此不一一徧舉），綴用在篇製之
中，可使文章語意顯得更為堅定強勁，此不但充分展現劉
勰對自己論點的自信，也頗具權威感[48]，因而多成為後世
文家學者口誦心儀的不刊格言。所謂「理形於言，敘理成

---

48 王夢鷗先生即云：「文心雕龍五十篇，除了隱秀篇殘缺而不計者
外，他在全書共用了一百一十個『必』字。這數目倘加以平均分
配，幾乎短短的每一篇中至少有兩個『必』字。當然，『必』字是
表示堅決而肯定的語意。……由這點用『字』的情形上看，可知他
對於自己的『論文敘筆』『割情析采』，是具有何等的信心！」引
見〈文心雕龍質疑〉，《故宮圖書季刊》1 卷 1 期（1970 年 7 月），
頁 25-26。

論」（〈論說〉贊），劉勰在彌綸與博觀的基礎上，把文章基本原理深化爲「籠罩群言」的文論，除了發前人未言或未及言，透闢獨到，充分發揮論體「師心獨見，鋒穎精密」之長，而其真知灼見，亦可謂是「思合自逢」、「才情之嘉會」（〈隱秀〉）下之碩果，從此正可見其論體風格中獨拔穎秀的一面。

四、《文心雕龍》論體風格之時代意義與成就

風格是作家成熟作風的展現[49]，也是區己別異的重要因素，而文體風格的建立，則是文學發展成熟的必然結果。劉勰執文學之筆，一面建構完密的風格理論，另一方面也在寫作上嘗試具體實踐，因此《文心雕龍》所樹立的作風，所呈現的獨特風采，自與他人他書有別。曾國藩嘗謂：「凡大家名家之作，必有一種面貌，一種神態，與他人迥不相同。……若非其貌其神迥絕群倫，不足以當大家之目。」[50]《文心雕龍》流傳一千五百餘年，所以能迥絕群倫，劉勰能成爲文論中的大家名家，自與風格之建樹有關聯性。故

---

49 如王之望以爲：「風格成熟的首要標誌，是它的獨特性。……作家由於各自的精神個體性的獨特性，在對象化、客觀化過程中，必然產生出獨特的色澤、情調、識度、韻味和旋律的產品。」見王氏：《文學風格論》（台北：學海出版社，2004 年 5 月），第六章，頁 119-120。

50 引見《曾文正公家訓·論紀澤·同治五年十月十一日》（台南：大東書局，1964 年），頁 51。

以上述論體風格之表現爲基礎，可進而歸結其時代意義與成就主要有三：

第一，以雅麗之風實踐宗經的審美理想。宗經是貫串《文心雕龍》全書的重要文學觀，其目的不在於守舊復古，而在於「參古定法」（〈通變〉），爲日趨「采濫辭詭」的文風求得新的生機。故所謂：「聖文之雅麗，固銜華而佩實者也」（〈徵聖〉），或者「經典沈深，載籍浩翰，實群言之奧區，而才思之神皋也」（〈事類〉），可說是相當具有針對性的文學觀點。劉勰認爲「雅麗」是理想文章的風格境界，也是美感的極致，因而創作力主宗經。是故在創作上若奉「稟經以製式，酌雅以富言」爲準則，不但將如「即山而鑄銅，煮海而爲鹽」（〈宗經〉），有取用不竭的效益，更有樹立正則、導正務華棄實之文風的作用。從實際行文上來看，劉勰一方面盡致發揮南朝駢儷的美文特點，追求形製之精致巧麗，一方面仍處處秉持「鎔式經誥」的精神，以情緯文，堅守典雅之風，因此其文章在麗而不靡，雅而能博的作風下，能「雅」「麗」共存，和諧而不衝突。故學者謂：

> 劉勰駢文在詞色上主要是特色是精美巧麗，同時又沒有華而不實之弊。既講究文采，用心修飾；又不過於雕琢，因詞害義，真正達到了文質彬彬的境界。[51]

可見情采相濟、文質彬彬的文章創作實績，無異是對宗經

---

51 引見于景祥、陸雅慧：〈劉勰在駢文創作上的傑出成就〉，《社會科學輯刊》2000 年 4 期（總 129），頁 138。

之審美理想的奉行實踐。

第二，以風格之多元區別南朝綺麗文風。六朝文壇駢儷風行，詩文辭賦、章表奏啓、史傳書牘等各體文章，皆沾染了纖巧駢儷之氣。劉勰身處其中，亦採行駢儷時文之體從事論文之作。他承續了傳統詩文中駢偶表現手法的優點，並施展才學，使《文心雕龍》全書諸篇，能於當時「錯金鏤采」、「雕績滿眼」[52]的風習中，獨樹一幟。于景祥指出：

> 從風格上看，由於體制上的創新，特別是駢散結合方法的大量運用，所以《文心雕龍》便呈現出流利暢達，靈活多變，運用自如的特色，總體上已經不同於六朝駢儷的風貌。……行文上毫無拘促滯澀之弊，舒卷自如，並沒有六朝駢體常見的雕琢堆砌、呆板滯澀之病。[53]

駢儷文一般受對偶、聲律、用典等重重限制，較爲拘促滯澀，因而未必皆宜於析事論理，然劉勰以駢儷從事，力圖突破束縛，故「在論理析事上深切明著，細致精微，反覆曲暢，鞭辟入裡，完全克服了駢體文中常見的滯澀不暢之弊，言隨意遣，無不如意」[54]，追求論體之表達效果，因而在風格上呈現多元的面貌。誠如學者所謂：

---

52 兩用語分別出自沈約：《宋書‧顏延之傳》及鍾嶸：《詩品‧序》。
53 引見于景祥：〈文心雕龍以駢體論文是非辨〉，《文學評論》2007 年 5 期，頁 140。
54 引見于景祥、陸雅慧：〈劉勰在駢文創作上的傑出成就〉，《社會科學輯刊》2000 年 4 期（總 129），頁 139。

> 優秀作家的風格不會是平板單調，往往會色彩繽
> 紛，絢麗多姿，具有極大的豐富性。這種豐富性是
> 風格的多側面性的表現。[55]

是以如前節所述形文之剛柔與雅麗、聲文之錯綜與婉轉，以及情文之蘊藉與穎秀，即可見《文心雕龍》其書形聲情文兼具且多側面性之一斑。明原一魁推讚爲「六朝之高品」[56]，清劉開則指出：

> 自永嘉以降，文格漸弱，體密而近縟，言麗而鬥新；
> 藻繪沸騰，朱紫夸耀，蟲小而多異響，木弱而有繁
> 枝；理詘於辭，文滅其質。求其是非不謬，華實並
> 隆，以駢儷之言，而有馳驟之勢，含飛動之采，極
> 瓌瑋之觀，其惟劉彥和乎！[57]

可知在纖靡繁麗的文風趨勢下，《文心雕龍》獨具「華實並隆」，以及「馳騁之勢」、「飛動之采」、「瑰瑋之觀」等不同的風貌特點。故所謂「獨照之匠，自成一家」[58]之譽，不僅是對其理論體系成就之標榜，對其驚采絕艷之論體風貌而言，這樣的肯定也相當切合實情。

　　第三，以風格實踐照應論體之文體寫作原則。《文心

55　引見姜岱東：《文學風格概論》（濟南：山東教育出版社，1996 年3 月），頁 24。
56　語見〈兩京遺編後序〉，引自楊明照：《增訂文心雕龍校注・下・品評第二》，頁 646。
57　引見《劉孟塗駢體文・卷二・書文心雕龍後》，引自楊明照：《增訂文心雕龍校注・下・品評第二》，頁 653。
58　語見譚獻：《復堂日記》，引自楊明照：《增訂文心雕龍校注・下・品評第二》，頁 657。

雕龍》不僅在理論層面提出合理具體的寫作理則，在行文風格上也力求實踐照應。就以劉勰所設定的論體寫作原理與寫作特色來看，《文心雕龍》各篇章大多首尾圓合，前後照應，脈絡貫通，彌縫無隙，具有圓備通達之「圓通」精神；又劉勰為使敘議周延，窮本竟源，旁搜博采，可見其「彌綸群言」之功；而擘肌分理，理論之針對性強，可見其「研精一理」之旨；至於所論或破或立，皆秉「辨正然否」之旨，力求獨出己裁，每能發前人未言或未及言，故多透闢精審，可見其「師心獨見，鋒穎精密」之長。《文心雕龍》將「論」體特質發揮得透徹盡致，故篇篇均可獨當一面，成為優秀的單篇專論，合而總觀，則是陶冶萬彙、組織千秋的煌煌論著。其論體之寫作風格與寫作要求照應相當緊密，由此可見，劉勰提出的理論，也多能自我落實，並非脫離實際、空談高論者，故其不僅是理論家、批評家，還是個身體力行的實踐家。[59]

五、結　語

　　「論」本身作用在於析事論理，並提出可信論點，而不在追求文學的藝術表現，然「論」要使理與辭契合無間，以發揮析理精微、以理服人的效果，則必然自我樹立，展現與眾不同的特色，這自然也就形成了論體的風格。

---

59 參見蔡師宗陽：〈由劉勰六觀析論文心雕龍〉，《文心雕龍探賾》（台北：文史哲出版社，2001 年 2 月），頁 221。

　　《文心雕龍》久享文論經典之譽，在體系結構、思理或文采等方面，均有卓絕成就，然若著眼於其文章風格的表出，當可發現其書另一面向的獨特性。故本章從形文、聲文與情文三種文采作爲立論之基礎，檢視《文心雕龍》在文辭經營、音律調協、情志表現上的特色，如形文之剛柔與雅麗、聲文之錯綜與婉轉，以及情文之蘊藉與穎秀等，雖僅從局部舉例，然而由小見大，可從中略見其論體之文所呈現的多元風采。所謂「文情難鑒，誰曰易分」（〈知音〉），風格亦確屬「難鑒」之情，又筆者目前對於《文心雕龍》行文風格的體會仍相當有限，闡析或許未能明確盡致，是故本章之作，僅屬初探，用意在拋磚引玉，引發更多後續的深探，以期能在當前《文心雕龍》研究的進展上略盡一己棉薄之力。

第七章　《文心雕龍》以駢著論之特點及其可能侷限

一、前　言

　　自《文心雕龍》成書問世，首先獲得沈約「深得文理」[1]之評語後，歷來研究者，對《文心雕龍》也多抱持正面的肯定態度，從完備之體系、高卓之識見、細密之思理或者雅贍之辭采等各方面，給予高度的推崇，佳評屢出，不勝枚舉。學者或謂「獨照之匠，自成一家」、「文苑之學，寡二少雙」[2]，即充分透顯出此書所獨具之特殊成就。

　　以駢體寫作文學論文，正可謂是《文心雕龍》文章形製上之一大特點，劉勰之後，似鮮有後繼者，其所建構之理論規模也幾成絕響。衡諸歷代文論的發展，《文心雕龍》不論理論成就、或者以駢著論之學術特點等方面，均享獨家之譽，確難找出第二本性質近似的文論專著。劉永濟指出：

1　沈約語見《梁書‧劉勰傳》。
2　清譚獻《復堂日記》之語，引自楊明照：《增訂文心雕龍校注》（北京：中華書局，2000 年 8 月），附錄「品評第二」，頁 657-658。

> 其自著書仍用駢體,而能運用自如,條達通明,能
> 以瑰麗之詞,發抒深湛之理。蓋論文之作,究與論
> 政、敘事之文有異,必措詞典麗,始能相稱。[3]

可知以駢爲論且又能同時達到「條達通明」、「措詞典麗」
的境地,顯然爲劉勰在辭章方面的卓越能力與成就。日人
興膳宏則針對以駢偶論文所可能造成的現象,提出如下見
解:

> 劉勰文體的一個特徵是:在巧妙地用對偶法保持平
> 衡的同時展開理論。換句話說就是:在以對偶法開
> 闢新的理論格局的同時始終貫徹調和的意向。……
> 劉勰的理論非但綜合性強和周到,而且始終保持平
> 穩,沒有激進的筆調,這些在很大程度上可能都得
> 力於駢文文體。當然,是他的思想制限了這種文
> 體,但反過來文體也同時制限了思想。[4]

如此看來,《文心雕龍》的駢儷體式,固然可爲其理論陳
述增添平穩周到的基本特質,但卻也可能因其所運用之時
文儷體,而造成思維與表達的限制。故若循此,可做進一
步的思考:以駢著論這一特點,是否即爲評價《文心雕龍》
學術成就的關鍵或重要因素?劉勰以駢體行文,在駢句運
用上,其所具有的優勢及特點如何?相對而言,駢體是否

---

3 引見劉永濟:《文心雕龍校釋・前言》(台北:華正書局,1981 年
  10 月),頁 2。
4 引見興膳宏:〈文心雕龍總說〉,《興膳宏文心雕龍論文集》(濟南:
  齊魯書社,1984 年 6 月),頁 125。

也同時易形成《文心雕龍》表達時的束縛或阻礙？其可能
侷限究竟爲何？如何看待劉勰以駢體撰著《文心雕龍》之
評價問題？關於這些觀察點，本章也將一併著眼，擬兼從
正負兩方面考量探索，將駢體論文之優勢與侷限並呈，期
能以學術求真務實之立場，肯定其書特長，同時正視其受
時代侷限而未必能盡善盡美之處，如此對於《文心雕龍》
之學術評價也才能更爲持平客觀。

二、駢體發展與《文心雕龍》
駢體評價之關係

　　魏晉時期，時代的劇烈動盪，引發了人的自覺，人的
自覺帶動了文學的自覺。因此原本附屬於經學的文學，隨
思潮轉變，不再只爲政教目的服務，漸能擺脫羈束而獨立，
成爲抒寫性靈、展現個人才情的憑介。作家重視文章「言
以文遠」的美感特質，「以能文爲本」也漸成了作家的信念。
即使本身以論文爲要旨，或者藉書信以「敘心」、「盡懷」[5]
的文論名篇，如曹丕〈典論論文〉、〈與吳質書〉、曹植〈與
楊德祖書〉等，在文采上皆展現了「能文」的自覺。而以
「贊論之綜緝辭采，序述之錯比文華，事出於沈思，義歸
乎翰藻」爲選文標準的《文選》，也皆將其編入，此意味此
時文論能與美文同列，與文學作品無異。六朝時期之美文，

---

5 〈與吳質書〉一文末云：「裁書敘心」、〈與楊德祖書〉文末云：「明
　早相迎，書不盡懷。」

當時所謂之「今體」，其實普遍皆有或深或淺之駢儷化特徵。陸機用賦體著〈文賦〉，暢論創作之理，句式極爲整練，文采也相當精妍豔麗；劉勰身處南朝，亦未刻意擺脫風靡當時的駢儷潮流，運用通行之今體撰著《文心雕龍》，故可謂是合時宜也合情理的選擇。故如近世學者胡懷琛指出：「他用四六文寫也是一個錯誤，但在當時候不能說不是一部傑作。」[6]在時代的風氣籠罩下，以當時通行文體書寫文論，以合於文壇學界之期待眼光，實有其選擇的必然性與合理性，然若因此而斷論《文心雕龍》以時興之儷體行文爲錯誤，便不免落入以今臆古的偏見。于景祥對此也加以辯明謂：

> 以對偶、用典、講究聲律和藻飾突出特徵的駢體文一時風靡天下，在文壇上佔據著統治的地位。……在這種時代環境和文學背景之下，要求劉勰《文心雕龍》超越當時的時代，超越當時的社會文化環境，不使用"六朝駢儷體"，是不符合實際的。[7]

能回歸時代立足點來看待劉勰「以駢著論」的這一選擇，應是較爲持平客觀的。清代章學誠謂：「劉勰氏出，本陸機氏說而昌論文心」[8]，姑不論劉勰對於〈文賦〉理論觀念有

---

6 詳參胡懷琛：《中國文學史概要》（台北：台灣商務印書館，1958年10月），頁69。
7 引見于景祥：〈文心雕龍以駢體論文是非辨〉，《文學評論》2007年5期，頁138。
8 引見清代章學誠著、葉瑛校注：《文史通義校注・文德》（台北：里仁書局，1984年9月），頁278。

多少承繼，即就將論評文章美文化、將說理文字藝術化的這種文采表現上來看，兩者也頗有異曲同工之妙。辛剛國對此指出：

> 〈文賦〉美文學的表述風格獲得極大成功，成為中國文學批評史上第一部以藝術方式寫就的文學批評精品。作為集大成的文學批評著作，《文心雕龍》很難得地用駢體寫就，這就意味著作者同陸機一樣要同時完成兩種任務：一是批評理論著作，一是文學作品。在兩者的融合方面，《文心雕龍》可以說臻於完美。[9]

可見《文心雕龍》以駢體論文，力使說理文字藝術化，是在時代唯美文風下的合理選擇，與其立言求美的動機，也是有密切關係的。是以學者從駢體文學性或者形式之美的角度來評議《文心雕龍》，是在文論角度之外一個必經的觀察點，也頗能切中劉勰文章論述的特性。如明代朱載璽謂：

> 見其綱領昭暢，而條貫靡遺，什伍嚴整，而行綴不亂，標其門戶，而組織成章，雕鏤錯綜，而輻輳合節，典雅則黃鐘大呂之陳，綺靡則祥雲繁星之麗，該贍儲太倉武庫之積，考覈拆黃熊白馬之辯，……語駢儷則合璧連珠，談芬芳則佩蘭紉蕙，酌聲而音合金鉊，絢采而文成黼黻，真文苑之至寶，而藝圃

---

9 引見辛剛國：《六朝文采理論研究》（北京：中國社會科學出版社，2005 年 2 月），第 5 章，頁 207。

之瓊葩也。[10]

對於劉勰行文之美,從綱領脈絡、組織結構、乃至文采風格等各方面,幾乎推崇至無以復加,其中典雅、綺靡、該贍、考覈等,皆著眼於其豐富文采,而語騈儷、談芬芳、酌聲、絢采等特點,則更是對其書騈體語言藝術的舉列,《文心雕龍》顯為文論中之絕佳美文。從這角度來看,騈體也的確在某種程度上增長《文心雕龍》「言以文遠」的特質,也從而造就了「文藻翩翩」[11]的文章藝術。只是當六朝時文發展愈趨唯美,極力追求藻飾,走向浮豔之路,騈體之文便也漸成僵化形式,甚至被貶抑為風末氣衰、頹靡文風的同義詞,連帶使《文心雕龍》也被歸入沾染時習之同列。如清紀昀對劉勰歎及「楚豔漢侈,流弊不還」之文風時評云:

> 此自善論文耳,如以其文論之,則不脫六朝俳偶之習也。[12]

另如清劉開也有類似的論調,其說謂:

> 自永嘉以降,文格漸弱,體密而近縟,言麗而鬥新;藻繪沸騰,朱紫夸耀,蟲小而多異響,木弱而有繁

---

10 見朱載璽序徐渤《文心雕龍》批校本,引自楊明照:《增訂文心雕龍校注》(北京:中華書局,2000 年 8 月),附錄「序跋第七」,頁 956-957。

11 語本胡維新:《兩京遺編・序》,引自楊明照:《增訂文心雕龍校注》,附錄「品評第二」,頁 646。

12 紀評引見黃叔琳:《文心雕龍輯注・宗經》(台北:台灣中華書局四部備要本),頁 8。

枝；理詘於辭，文滅其質。求其是非不謬，華實並
隆，以駢儷之言，而有馳驟之勢，含飛動之采，極
瓌瑋之觀，其惟劉彥和乎！……華而不汩其真，鍊
而不虧於氣，健而不傷於激，繁而不失之蕪，辨而
不逞其偏，覈而不鄰於刻；文犀駴目，萬舞動心，
誠曠世之宏材，軼群之奇構也。……是其見已卓於
古人，但其體未脫夫時習耳。[13]

劉氏一方面稱譽《文心雕龍》「馳驟」、「飛動」、「瑰瑋」的
駢儷文采，認爲其宏材奇構足以謂「晉以下駢體之大宗」，
另一方面又以「其體未脫夫時習」，而頗表憾意，其所謂「時
習」，即紀昀所謂「俳偶之習」，是六朝常被後世視爲「理
詘於辭，文滅其質」的時文儷體，可見「時習」之指涉實
有負面之意涵。但基本上，此說仍然對劉勰「曠世軼群」
的深湛才學與文辭功力持肯定看法。另清代〈清謹軒鈔本
序〉文中亦指出：

其文雖拘於聲偶，不離六朝之體，要爲宏博精當，
鮮麗琢潤者矣。[14]

在肯定《文心雕龍》宏博鮮麗文辭之餘，仍不免認爲「六
朝之體」是其書之一大拘限。這樣看來，駢體之時習卻又
似乎不免成了《文心雕龍》整體表達上的限制或阻礙。

---

13 引見劉開：〈書文心雕龍後〉，引自楊明照：《增訂文心雕龍校注》，
　　附錄「品評第二」，頁 653-654。
14 引自：〈清清謹軒鈔本序〉，引自楊明照：《增訂文心雕龍校注》，
　　附錄「序跋第七」，頁 966。

　　從上述關於《文心雕龍》採用時文之體的幾則評價，可知駢體美文一方面可為辭采增分，但另一方面也似乎同時易落入時習，成為表達之限制。清代李執中撰〈文心雕龍賦〉，藉主客問答方式，曾針對這一課題展開鋪敘，以下即根據原文稍作要點之陳述[15]。首先客提出質難：

> 蒙不解夫劉彥和之此著，胡為亙六代三唐之久，而餘豔仍留也？彼其詞纖體縟，氣靡骨柔，毋變於齊梁之習，特重為容止之修。五十篇目雖眉列，三萬言思比絲抽，實藝苑之莫貴，何撰述之能儔？乃復負簡候休文之轍，蜚聲儕文選之樓。居然價重儒林，言語欲齊蹤游夏，毋亦名成廣武，英雄同致嘅曹劉者乎？

對於《文心雕龍》沾染齊梁時習，故文章有「詞纖體縟，氣靡骨柔」之「餘豔」，深表不予贊同，故以為類於「文體之俳優」，實不足以「價重儒林」。接著是主的商榷回應，以「不習其素，徒習其絢，但玩其辭」反駁客僅從駢儷時習判定優劣，因而存著「世俗之目賤」的心態，而未能就「是非不謬於聖賢，義理一衷之經傳」的思想特點著眼，因而又說：

> 徒賞其運駢儷之作，而馳驟自如，極瓌瑋之觀，而飛動自見；亦已無忝於馬班，耀輝於筆硯。而況萬

15　以下引文皆出李執中：〈劉彥和文心雕龍賦〉，引自楊明照：《增訂文心雕龍校注》，附錄「品評第二」，頁 659-660。

萬於淫哇者流，不僅作一時之彥哉！

讚賞《文心雕龍》「馳驟自如」、「極瓌瑋之觀」的駢儷藝術之外，也肯定其書在世風流俗之下，能獨出一格為「一時之彥」。接著在分述書中各篇要義之後，引申出「駢詞本非枝指，偶語豈曰贅峰」之論，強調駢偶未必成為累贅。然後又歸結云：

> 彥和則美搜藝圃，華耀筆鋒，理精意密，字順文從；義原菽粟，直瀉臆胸。無矯無澀，亦澹亦濃。擬以鍾嶸之品目，其殆亦文中之龍乎？

謂《文心雕龍》駢散經營恰到好處，可為文章極致。最後客終於在主人的高談之下解悟。由此可見其實駢儷之習僅是劉勰撰著《文心雕龍》的時代背景，但不足以作為評斷其文章優劣的準據，尤其劉勰並未陷溺淫靡的文風之中，他不僅從理論的高度批判，建立駢體正論，在文章表現上也力圖突破形式限制，追求「異采」[16]，故能廣受佳評。因此將《文心雕龍》與六朝時文之習視為同流，並從而訾議，亦不盡允當。

16　《文心雕龍·麗辭》云：「若氣無奇類，文乏異采，碌碌麗辭，則昏睡耳目。」指出駢辭儷語應追求氣之奇、文之異采，使文辭具有文學的表現力，以避庸碌之病。

三、《文心雕龍》駢論語意表達的現象與特點

　　理論著作的重點在於所欲表述傳達的內容，其首要處理的當是「說什麼」的問題。所以文論著作便在於論述文學的實質內涵，或者探討以往文學論述了什麼，然而六朝時期陸機、劉勰、鍾嶸等文論家在面臨「說什麼」的問題之外，又更進一步思考並實踐了「怎麼說」的問題。「怎麼說」是表達形式的範圍，意味著文論著作更有自覺去重視並選擇表達的形式，文論與文學創作的距離也更近，而講究「怎麼說」也就漸形成了六朝以降文論的一種特徵。李建中等著《中國古代文論詩性特徵研究》指出：

> 如果說，先秦文論是寄生地說、隨意地說，那麼六朝文論則是駢儷地說（如〈文賦〉、《文心雕龍》）、意象地說（如《詩品》）。唐宋以後，文論言說乾脆採取了與文學（詩歌、筆記小說等）完全相同的文體和言說方式：抒情地說（如《二十四詩品》以及大量的論詩詩，敘事地說（如屬於“說部”的詩話、詞話、曲話、小說評點等）。[17]

由此可見，《文心雕龍》以駢儷之體來論述文學，當是中國文論重視「怎麼說」這項發展特徵中的代表之作。該書

---

17 引見李建中等：《中國古代文論詩性特徵研究‧引論》（武昌：武漢大學出版社，2007年9月），頁8。

並又指出：

> 劉勰明明知道＂論說＂與＂駢體＂的區別，對六朝
> 文學＂儷采百字之偶＂亦略有微詞，可是他偏偏選
> 擇偶儷繁縟的駢體文來闡釋他的文學理論。……孤
> 寂落寞的劉勰，要用他的美文，用他獨特的詩性言
> 說，建構一個可寄放心靈的＂文＂（語言）的世界。[18]

駢體是典型的美文，與散文相較，自然有更為顯著的「詩
性」，但又不像詩歌那般簡約，也由於講求駢詞偶語，而
難免繁縟，但這種繁縟，仍有其增助表達的作用。如同王
瑤所認為：

> 駢文的極致是在竭力顧全和製造聲色麗語等形式
> 美的條件下，而又使這些形式的規律不至妨碍到意
> 義內容的表現；要使駢體如散文一樣地流暢自然，
> 而又能作到駢體所要求的各種限制和規律。[19]

追求形式之唯美，但以表述內容意義為前提，充分駕馭形
式，使形式規律與內容表達互相配合，當是一項高妙且合
理的論述策略。因此王夢鷗即指出《文心雕龍》一書：

---

18 同前註，頁 10-11。另李氏又指出：「《文心雕龍》作為一部文學理
論的專著，作為一部論說體著作，它的話語方式其實是文學的話
語方式，充滿了文學性。」見李建中：《文心雕龍講演錄》（桂林：
廣西師範大學出版社，2008 年 12 月），第三講〈《文心雕龍》的話
語方式〉，頁 73。
19 引見王瑤：〈徐庾與駢體〉，《中古文學史論》（北京：北京大學出
版社，1998 年 1 月），頁 337。

它用俳偶的文體來發表專門的論述，不特要立意完
善，還兼有修辭美好的企圖。[20]

所謂「立意完善」與「修辭美好」，其實正屬於「怎麼說」
的範疇。因此，透過劉勰選擇「怎麼說」的角度，來觀察
《文心雕龍》運用駢句表達上的幾種用意，更可從而探見
駢體著論所能具有的優勢。以下主要分三方面說明：

（一）概念的統括

　　出語必雙是駢體的主要語句模式，語意涵括於兩句、
四句或更多的雙數句之中，這種特殊的造句方式，也勢必
影響理論觀點的陳述。其優點是能藉對偶句形成對稱整齊
的效果，讀來整練富有規律，可有裨於對照映襯，並兼顧
兩端，完足語意，例如：

> 情必極貌以寫物，辭必窮力而追新。（〈明詩〉）
> 四言正體，則雅潤為本；五言流調，則清麗居宗。
> （〈明詩〉）
> 比則蓄憤以斥言，興則環譬以寄諷。（〈比興〉）
> 執術馭篇，似善弈之窮數；棄術任心，如博塞之邀
> 遇。（〈總術〉）

此四組偶句中，「情」（指內容）與「辭」（指形式）之連提
對舉、「四言正體」與「五言流調」之並提比較，「比」與

20　引見王夢鷗：〈文心雕龍質疑〉，《故宮圖書季刊》1 卷 1 期（1970
年 7 月），頁 19。

「興」、「執術」與「棄術」之異同對照,均有同時兼備兩端,使整體語意完足的作用。

再者,在舉列例證時,劉勰多運用成雙句式,以使論據充分,材料條緒嚴整,並免於孤證,如以下〈辨騷〉引文:

> 將覈其論,必徵言焉。故其陳堯舜之耿介,稱禹湯之祗敬,典誥之體也;譏桀紂之猖披,傷羿澆之顛隕,規諷之旨也;虯龍以喻君子,雲霓以譬讒邪,比興之義也;每一顧而掩涕,歎君門之九重,忠怨之辭也;觀茲四事,同於風雅者也。

此段概括屈騷同於經典者有四,在「典誥之體」、「規諷之旨」、「比興之義」、「忠怨之辭」四項論點之下,皆從〈離騷〉中節引文句為例,兩句之間也各自對偶,整段文意清晰,形式極為整練。又如〈時序〉:

> 唯齊楚兩國,頗有文學。齊開莊衢之第,楚廣蘭台之宮;孟軻賓館,荀卿宰邑;故稷下扇其清風,蘭陵鬱其茂俗;鄒子以談天飛譽,騶奭以雕龍馳響;屈平聯藻於日月,宋玉交彩於風雲。

此段以連續五組駢儷句組成,而其特殊處,便在於先以「齊楚兩國」總括其凡,接著前三組偶句皆於前句敘「齊」、後句述「楚」的文學發展情形,後兩組則改用前兩句敘「齊」,後兩句述「楚」,如此「齊」「楚」兩兩相對,一路並行而下,前括後應,句型也相具變化,其論敘綱領

便相當清晰。

　　另外，劉勰常運用數字標目，以序列句歸結並統攝文章之理，這是《文心雕龍》相當特殊且時見運用的一種行文方式，這方式「使得劉勰的論文簡潔而細致，並成爲說理的思維方式的具體體現。」[21]其實例如：

> 若總其歸塗，則數窮八體：一曰典雅，二曰遠奧，三曰精約，四曰顯附，五曰繁縟，六曰壯麗，七曰新奇，八曰輕靡。（〈體性〉）
>
> 立文之道，其理有三：一曰形文，五色是也；二曰聲文，五音是也；三曰情文，五性是也。（〈情采〉）
>
> 綴字屬篇，必須揀擇：一避詭異，二省聯邊，三權重出，四調單複。（〈練字〉）
>
> 將閱文情，先標六觀：一觀位體，二觀置辭，三觀通變，四觀奇正，五觀事義，六觀宮商。（〈知音〉）

以上四例中，或概括風格之八種類型，或標舉樹立文采三項方法，或強調練字揀擇的四項原則，或揭示評賞作品優劣的六項標準，既對文章原理概念進行總括，也對論述內容作了具體的闡析。可知劉勰運用繫數標目法，能使文理更爲明晰周備，其藉條分縷析、執簡馭繁之形式，達成面面俱到的論述效果。

　　由上可見駢儷可以充分發揮統括概念的功能，這對觀點之陳述而言，不僅有其必要性，也是力謀行文周延的一

21　引見董玲：〈論文與品詩 ── 劉勰和鍾嶸文論言說方式之異〉，《古代文學理論研究》19 期，2001 年 7 月，頁 263。

種表現。

（二）語意的強調

駢體文章運用對稱整齊的儷偶句式來概括語意，使意義完足，此外，其亦常藉著「兩言相配」（〈麗辭〉），使事理在整齊的反覆中而不致孤立，並藉以發揮強化論據、增強語意的作用。此正如瞿兌之所云：

> 凡是說事理的文字，愈整齊愈有力量，愈反覆愈易明白，整齊反覆都是駢文擅長之點。[22]

駢偶句雖可在句式的鋪排與反覆中，發揮強化語意的功能，但這與機械式的排列堆疊不同。學者也指出：

> 對句的反覆除了造成排鋪的氣勢外還可以強化達意，駢儷文的反覆很少機械重覆，多用不同的詞表達相同的意思，使對象通過多個渠道獲得同一信息，引導讀者反覆含玩消化，印象深刻。[23]

以下從三則實例來看。如〈明詩〉：

> 晉世群才，稍入輕綺，張潘左陸，比肩詩衢，采縟於正始，力柔於建安；或析文以為妙，或流靡以自妍，此其大略也。

---

22 引見瞿兌之：《中國駢文概論》（台北：莊嚴出版社，1993 年 8 月），頁 126。
23 引見羅黎燕：〈論六朝批評文體的駢儷化〉，《襄樊學院學報》28 卷 3 期（2007 年 3 月），頁 20。

此言西晉時期趨向柔靡的詩風，其中「或析文以爲妙，或流靡以自妍」兩句，係指當時作家聯字合趣、追求浮靡文采的創作習氣，在陳述上，以「或 —— 或 ——」之句型並列，有排疊強調之用意。再如〈知音〉：

> 夫篇章雜沓，質文交加，知多偏好，人莫圓該。慷慨者逆聲而擊節，醞藉者見密而高蹈，浮慧者觀綺而躍心，愛奇者聞詭而驚聽。會己則嗟諷，異我則沮棄。

「逆聲而擊節」、「見密而高蹈」、「觀綺而躍心」以及「聞詭而驚聽」等，係用以指涉各種偏好的讀者在閱讀時的反應，爲強調讀者主觀反應的差異程度，劉勰連用四句排偶，突顯讀者偏好對於閱讀作品反應之間的關係，其語意之強調效果當較僅用兩句更爲顯著。再如〈序志〉的這一組偶句：

> 按轡文雅之場，環絡藻繪之府，亦幾乎備矣。

「按轡」與「環絡」皆指控制駕馭的意思，而「文雅之場」與「藻繪之府」則皆爲文壇之意，旨在強調倘能善加掌握《文心雕龍》，便可如駕車馭馬，從容優遊，在文壇上得心應手。這是劉勰對自己著書已大致周備特點的彰顯。兩句取材相同、意旨同趣，可謂兩句一意，此聯對句便有反覆強調以增加語勢的作用。

另外，在鋪敘事理時配合用典、設喻，也可增強論點表述的意義。如〈宗經〉篇中兩例：

> 然而道心惟微，聖謨卓絕，牆宇重峻，吐納自深，
> 譬萬鈞之洪鍾，無錚錚之細響矣。若稟經以製式，
> 酌雅以富言，是即山而鑄銅，煮海而為鹽也。

前一例先化用經書文句彰顯經典聖訓之微妙卓絕，其中「道心惟微」一語典出《僞古文尙書·大禹謨》，「牆宇重峻」則喻聖人道德學問之既高且深，其語典出《論語·子張》，之後則取洪鐘爲喻，以喻聖哲智慧如萬鈞大鐘，能發出振聾啓聵之聲響，此處設喻即有增強讚頌之意，使宗經意旨更爲明朗。[24]後例中，前兩句指出文章應宗奉經典，以製定體式、豐富文辭；後兩句則以即山鑄銅、煮海爲鹽爲喻，強調宗經將自然獲得取用不竭的效益。前述理，後設喻的方式，即可有助於宗經論旨之強化。又如〈風骨〉：

> 辭之待骨，如體之樹骸；情之含風，猶形之包氣。

此論文章必須有風骨，劉勰取人體爲喻，以爲其理正如人體待骨架才能站立，形體含血氣才有精神，風骨兩字不僅更爲具象化，風骨之重要性也在一實（喻體）一虛（喻依）的駢偶論證中獲得強調。

（三）秀句的裁成

陸機〈文賦〉謂：「立片言而居要，乃一篇之警策。」

---

24 黃亦真指出文心雕龍應用比喻技巧的修辭功效有意旨明朗化、理論權威化、遣詞流暢化、句式整齊化、文章優美化、內容風趣化等六項效果。詳見《文心雕龍比喻技巧研究》（台北：學海出版社，1991 年 2 月），頁 92-103。

劉勰也說：「秀也者，篇中之獨拔者也。」(〈隱秀〉)駢儷文句多經過精心裁鍛，形式整齊，富有規律，因此也易於形成警語秀句。阮元在〈文言說〉曾作這樣的推究：

> 同為一言，轉相告語，必有愆誤。是以寡其詞，協其音，以文其言，使人易於記誦，無能增改，且無方言俗語雜於其間，始能達意，始能行遠。[25]

范文瀾也以為：

> 古人傳學，多憑口耳，事理同異，取類相從，記憶匪艱，諷誦易熟，此經典之文，所以多用麗語也。[26]

口耳相傳之語經過鎔裁濃縮精鍊之後，成為節律較為調協，易於諷讀記誦的語言形式，這不但是古來諸多名言佳句形成並廣為流傳的原因，也是駢辭儷語自然產生的一種心理基礎。[27]

劉勰以駢儷句式來論文，在各篇中獨出心裁，鍛構成不少精要凝鍊的秀句，或用以陳述觀點，或用以評論作家作品，頗有為各篇論述畫龍點睛的效果。劉師培說：

> 文有警策，則可提起全篇之神，而辭義自顯。[28]

---

25 見阮元：〈文言說〉，《揅經室三集》卷二，引自《近代文論選》(北京：人民文學出版社，1999 年 1 月)，上冊，頁 100。

26 引見范文瀾：《文心雕龍注·麗辭第三十五》(台北：宏業書局，1982 年 9 月)，頁 590。

27 參見莫道才：《駢文通論》(南寧：廣西教育出版社，1994 年 3 月)，第三章第四節〈傳播的需要是駢文產生的外在動因〉，頁 43-48。

28 引見劉師培：《漢魏六朝專家文研究》(台北：台灣中華書局，1982 年 3 月)，頁 27。

可見獨創秀拔的語句，可振舉文旨，煥發論旨，既易於記誦，也有利於接受，讓人能充分領略行文之間所流露「才情之嘉會」(〈隱秀〉)的風采。以下從劉勰各篇中所裁成之秀句略予舉例說明。

首先，對於重要的名稱或概念，駢儷句式可用概括式的表達，給予精簡確切的定義，如以下各句：

> 經也者，恒久之至道，不刊之鴻教也。(〈宗經〉)
> 賦者，鋪也，鋪采摛文，體物寫志也。(〈詮賦〉)
> 讔者，隱也，遯辭以隱意，譎譬以指事也。(〈諧讔〉)
> 規範本體謂之鎔，剪截浮辭謂之裁。(〈鎔裁〉)
> 事類者，蓋文章之外，據事以類義，援古以證今者也。(〈事類〉)

定義是立論的條件，是故劉勰針對篇中重要概念，多先提出定義後，再展開後續的論述。上述五則皆以對偶句的形式組成，或先後連提，或兩句對舉，不但工整精要，也相當練達傳神，故頗具立論的權威性。

再者，對於文章寫作要則，駢儷句式可提振綱領，發揮「敷理以舉統」的作用。如：

> 所以古來篇體，促而不廣，必結言於四字之句，盤桓乎數韻之辭，約舉以盡情，照灼以送文，此其體也。(〈頌贊〉)
> 故宜摹體以定習，因性以練才，文之司南，用此道也。(〈體性〉)

> 若能酌詩書之曠旨，翦揚馬之甚泰，使夸而有節，
> 飾而不誣，亦可謂之懿也。（〈夸飾〉）

第一則強調「贊」體以四言、數韻構成，以達扼要總結、完足文勢之寫作要領，在兩則駢句中，構成相當明晰的觀點。第二則「摹體」「因性」兩句歸結「文之司南」之道，並回應題面，對於學與才相輔相成以養成風格之理，有明確的提挈。第三則重申夸飾修辭的運用原則，「夸而有節，飾而不誣」兩句，既在文末與文題照應，也以駢句形式，揭示夸飾應遵循之精神，一從積極面，一從消極面，立意相當簡明扼要。

另外，對於作家或作品的評論，駢儷的品評敘述方式，可為其勾勒整體風貌，讓人掌握直接而精要的印象，其效果如同精警遒勁之秀句。例如：

> 觀夫荀結隱語，事義自環；宋發夸談，實始淫麗；
> 枚乘兔園，舉要以會新；相如上林，繁類以成豔；
> 賈誼鵩鳥，致辨於情理；子淵洞簫，窮變於聲貌；
> 孟堅兩都，明絢以雅贍；張衡二京，迅發以宏富；
> 子雲甘泉，構深偉之風；延壽靈光，含飛動之勢；
> 凡此十家，並辭賦之英傑也。（〈詮賦〉）

此將十家分為五組，兩兩為一組成對，評論先秦兩漢辭賦十家之代表作，概括其各篇之主要風貌及特點，如以荀子「隱語」、宋玉「夸談」為始創之作，以「會新」「成豔」評枚乘、司馬相如賦作，以「情理」「聲貌」稱述賈誼、王

褒賦作，以孟堅、張衡爲京都大賦之代表，子雲、延壽則以賦宮室而同列，要皆針對各篇足稱「英傑」之處加以突顯，評騭相當扼要有力，如同名作之定評，故輒爲後世評價時引用。

由上述統括概念、強調語意及裁成秀句等三項，大致可見駢儷文句除了追求形式美感之外，亦在內容的主導下，利用其表達模式之優勢，朝「言以文遠」的目標邁進，故未可一律以累贅或駢枝看待。且在各篇篇幅有限的狀況下，駢儷也正能透過較爲精省的文字，實踐「文約爲美」（〈銘箴〉）的審美觀。

四、《文心雕龍》駢體表達侷限之評估

駢偶語具形式美感，在表達上也確有其優點，然當其成爲駢體之文，從其利看，這體製「文采蓰流，枝葉橫生」[29]，正是作者騁才使學的絕佳憑藉；但從其弊而言，則因必須遵守多重形式限制，易造成表意之束縛，而作家爭相競逐辭藻之豔，使駢儷文章逐漸走向虛華無實、爲辭害義之路，這大致也是駢體之文最受人詬病的主因。利與弊常一體兩面，也可能同時伴隨相生。就像陸機〈文賦〉以賦體論文，文辭精美絕倫，所謂「綺語頗多」，有「巧」的一

---

29 清孫梅謂：「夫文采蓰流，枝葉橫生，此駢體之長也。」見《四六叢話》，卷 22，收錄於王水照編：《歷代文話》（上海：復旦大學出版社，2007 年 11 月），第五冊，頁 4667。

面，但也不免「文適多體，便欲不清」，甚或「碎亂」之病。[30]《文心雕龍》以駢體著論，呈現語言的極致美感，但這種美感語言是否偏於詩性思維而易造成意義的模糊？出語成雙的駢句體式，是否在「應以一言以蔽之者，輒足為二言；應以三句成文者，必分為四句」[31]的用語慣性下，使文句輒「兩語當一語，疊屋堆床」[32]之現象而更顯得繁冗？駢體可能受到怎樣的表述侷限？駢體本身是否如孫梅所謂「四六長于敷陳，短于議論」[33]？其實，在釐清這些問題的同時，也正是對於《文心雕龍》駢體表達侷限的評估。清史念祖曾指出：

> 劉彥和文心雕龍，稽古探源，於文章能道其所以，不溺六朝淺識，此由心得，不關才富也。其為文亦稱贍雅，然徵引既繁，或支或割，辭排氣壅，如肥人艱步，極力騰踔，終不越江左蹊徑，亦毋尤才富，習囿之也。[34]

史氏一方面肯定《文心雕龍》「稽古探源」的論文成就，

---

30 陸雲〈與兄平原書〉謂：「〈文賦〉甚有辭，綺語頗多，文適多體，便欲不清。」另《文心雕龍·序志》亦云：「陸賦巧而碎亂。」
31 語本清浦起龍：《史通通釋·敘事第二十二》（台北：里仁書局，1993 年 6 月），頁 174。
32 語本錢鍾書：《管錐編》（北京：中華書局，1979 年版），第四冊，230 則，頁 1474。
33 語見清孫梅：《四六叢話》，卷 31，收錄於王水照編：《歷代文話》（上海：復旦大學出版社，2007 年 11 月），第五冊，頁 4895。
34 引見史念祖：《俞俞齋文稿初集·文心雕龍書後》，引自楊明照：《增訂文心雕龍校注》（北京：中華書局，2000 年 8 月），附錄「品評第二」，頁 659。

另一方面也稱揚其「贍雅」的文章之美，但同時也指出劉
勰受「江左蹊徑」之限，故而對「徵引既繁」、「辭排氣
壅」的行文習氣頗有訾議之意。王夢鷗亦以爲：

> 書的原文本來即含有模稜的，游移的，甚或是曖昧
> 的語意在，始致發生後人不盡相同的意見。……此
> 一說明事理之書，受江左文風影響，時時使得華實
> 不能相副，看起來像是博贍，但在博贍之中卻有無
> 數陷阱。[35]

認爲其書表達事理時，時有模稜游移或曖昧之意，致使華
與實之間未必相符，故對所謂「博贍」提出質疑。兩說大
致從六朝駢儷時文的立場著眼，指涉頗爲近似，可作爲評
估《文心雕龍》駢體表達侷限的一個考察起點。以下分從
駢辭儷句之限制性與駢偶語句之繁冗性兩端說明。

　　先從駢辭儷句之限制性來看。規律的句型、固定的字
數是構成駢儷的條件，因此本以事理表達爲重的論文之
體，卻必須在顧及美感的句型規律，以及每句或四或六、
或三或五的字數壓縮下，予以節略或濃縮者，這一來便不
免使得內容受到形式的拘束，而如此所形成之齊整、對稱
句式，也就不一定能完整涵括原本所預期表達的意義，如
此即劉麟生所謂：「儷行不免傷氣，偶語終致拘束。」[36]這
爲配合整齊形式而導致「言未盡意」的限制，便可能造成

---

35 引見王夢鷗：〈文心雕龍質疑〉，《故宮圖書季刊》1 卷 1 期，1970
　　年 7 月，頁 20、25。
36 引見劉麟生：《駢文學》（上海：商務印書館，1934 年），頁 18。

陳述時事理邏輯的中斷，甚至意義的模糊，這對應求事理
名義精確的論理文來說，自然會是個不利因素。駱玉明、
張宗原《南北朝文學》一書中亦針對此指出：

> 駢文形式的束縛較多，倘只是作為一種藝術化的文
> 體，自然沒有什麼問題，但當時各種文體幾乎一律
> 地駢偶化，則必然導致許多文章難以自由盡意地表
> 達思想。即使高才如劉勰，用駢文來寫作理論性的
> 《文心雕龍》，也顯得邏輯不夠嚴密和說理不夠透
> 徹。[37]

可見駢體所帶來的限制性實不可完全忽略或迴避。先以王
夢鷗在論述《文心雕龍》模稜語意之現象舉例時所述來看：

> 「仲宣靡密，偉長博通，景純綺巧，彥伯梗概」（詮
> 賦）之類，因為舉例不夠精細，因而這些形況的名
> 詞就很難界定。[38]

此處劉勰評述「魏晉賦首」八家時，僅於風貌特點略作概
括，未如評論辭賦十家時，一一聚焦於其代表作（見本章
上述所引），故顯然「舉例不夠精細」。進一步從原文來看：

> 及仲宣靡密，發篇必遒；偉長博通，時逢壯采；太
> 沖安仁，策勳於鴻規；士衡子安，底績於流制；景
> 純綺巧，縟理有餘；彥伯梗概，情韻不匱；亦魏晉

---

37 引見駱玉明、張宗原：《南北朝文學》（合肥：安徽教育出版社，
　　1991 年 8 月），頁 13。
38 同註 35，頁 22。

之賦首也。(〈詮賦〉)

此處由三組駢偶句組成，每組皆爲隔句對，句型在「四四
—四四」、「四五—四五」中略有變化，八位賦家以及主要
特點，一一配入六句偶句，使之對稱，顯然爲遷就句式、
字數的限制，並避免繁舉，而未列出各家之代表篇名，讓
人不明實指究竟爲何，其針對性也就不足。又如〈章句〉
論及句末押韻、換韻問題時云：

賈誼枚乘，兩韻輒易；劉歆桓譚，百句不遷。

旨在舉例說明文中韻腳運用兩種較爲極端的情形，一種是
「兩韻輒易」，指四句兩韻即換韻；一種是「百句不遷」，
即通篇一韻到底。以駢儷句式對舉兩組漢代作家（辭賦
家），其形式固然相當精鍊工整，然卻因未明確指稱實際作
品爲何，而可能易導致認定不清之誤解。如黃季剛指出：

觀賈生弔屈原及鵩賦，誠哉兩韻輒易。惜誓及枚乘
七發乃不盡然。彥和又謂劉歆桓譚百韻不遷，子駿
賦完篇存者，惟遂初賦，固亦四句一轉也。[39]

可見賈誼諸作未必皆「兩韻輒易」，而現今可見劉歆〈遂初
賦〉以及桓譚〈仙賦〉等，也並非「百句不遷」，是故劉勰
以此方式舉例，實難謂不刊之定論。

　如上引兩例的評述方式，形式確實精簡整練，如同詩

---

39 引見黃侃：《文心雕龍札記》（台北：文史哲出版社，1973 年 6 月），
　頁 145。

句,具有美感,然卻是受嚴整形式過濾之後的產物。當表達意義受到限制,實意所指便不免虛泛模稜。楊松年曾指出用語並列易產生意義的遷變,謂:

> 批評的用語,有時由於運用者追求文字美,行文時講究對偶,致使它與另一辭語列舉,產生意義上的變化,致令語義含糊。……劉勰在寫作上也非常注重排比對偶,遂使書中產生不少用語語義含糊的問題。[40]

韓經太《中國文學批評史研究》一書也以為:

> 駢文本身的行文方式所造成的兩端並行而對稱成文的整體表述模式,導致了劉勰《文心雕龍》理論話語的兩可性,換言之,也就是模糊性。[41]

當語意必須配合字數及句型進行鎔裁,以符合表達形式需要,內容也必然更為精約,精約的語句也就因此常有被賦予更多意義的可能,此蓋其所謂兩可性及模糊性。至於《文心雕龍》鋪敘事理時,常在駢儷句組中運用譬喻,以輔助說理,其優點是可使欲強調之論點具體化,但也易因為求駢儷工整之形式,反而造成侷限,致使論事析理的語意含糊不清,理解的距離更遠。黃亦真曾歸結《文心雕龍》比喻之缺點,其中如「泛而不切的比喻使意旨模稜」、「繁辭

---

40 引見楊松年:〈中國文學批評用語語義含糊之問題〉,《新加坡南洋大學學報》第 8 及第 9 期,1974 年,頁 126。
41 引見韓經太:《中國文學批評史研究》(福州:福建人民出版社,2006 年 1 月),頁 282。

寡要的比喻使內容空洞」等[42]，皆可見駢體設喻所衍生意
義表達的問題。以〈通變〉篇末提示通變之道文句為例：

> 拓衢路，置關鍵，長轡遠馭，從容按節，憑情以會
> 通，負氣以適變，采如宛虹之奮鬐，光若長離之振
> 翼，迺穎脫之文矣。

為使通曉通變的「穎脫」之文更為具象，劉勰在此取自然
事物為喻，形容其文采如長虹弓起背脊，光芒如朱雀鳥（星）
振動閃耀之雙翅。其喻看來意象雖優美不俗，然究竟如何
將文章之藻采光芒與「宛虹奮鬐」、「長離振翼」之形象密
切聯繫，似仍有理解的差距。以「長離振翼」一句，來試
看下列所舉幾種注本對這句的譯釋[43]：

> 王師更生《文心雕龍讀本》：「南方的朱雀鳥，振
> 動它燦爛的羽毛，金碧而輝煌。」
> 趙仲邑《文心雕龍譯注》：「使作品的光芒像朱鳥
> 星的奮飛。」
> 周振甫《文心雕龍今譯》：「光芒像朱雀星的鼓動
> 翅膀。」
> 羅立乾《新譯文心雕龍》：「光芒像鳳凰的飛騰。」

---

42 詳參見黃亦真：《文心雕龍比喻技巧研究》（台北：學海出版社，
 1991 年 2 月），頁 300-310。
43 下各引文分別見於王師更生：《文心雕龍讀本・下》（台北：文史
 哲出版社，1985 年 4 月），頁 59；趙仲邑：《文心雕龍譯注》（南
 寧：廣西教育出版社，1990 年 2 月），頁 268；周振甫：《文心雕
 龍今譯》（北京：中華書局，1988 年 12 月），頁 273；羅立乾：《新
 譯文心雕龍》（台北：三民書局，1994 年 4 月），頁 295；張光年：
 《駢體語譯文心雕龍》（上海：上海書店出版社，2001 年 3 月），
 頁 14。

　　　　張光年《駢譯語譯文心雕龍》：「文風如鳳凰振翅。」

由此五家之注譯，可見此一喻句本身即存在不小的歧異，
注家既不易給予充分而合理的解釋，讀者也往往莫衷一
是。究竟是朱鳥振翅，還是朱雀星奮飛？甚至星座振翅奮
飛究竟是怎樣的形象？皆頗令人費解。如此看來，本欲用
以形容文采的譬喻句，卻由於駢句形式限制，而未加以闡
釋解說，因而間接造成語意之曖昧性，此則未必能確實達
到「切至為貴」（〈比興〉）的用喻原則。是以黃亦真對此也
表示：

　　　《文心雕龍》中許多比喻，都能使「意旨明朗化」、
　　　「理論權威化」，而有些篇章卻因使用太多的比
　　　喻，反使義理流於空洞單薄。[44]

　　另外，再從駢偶語句之繁冗性來看。上文述及《文心
雕龍》以駢偶行文，可發揮增強語意的作用。只是當出語
必雙的行文慣性發展至極端，輒以成雙的語句合璧共表一
意，此則與所謂「一意兩出，義之駢枝」、「同辭重句，文
之肬贅」（〈鎔裁〉），往往僅存一線之隔，前人評曰「但恨
連章結句，時多澀阻，所謂能言之者也，未必能行者也」[45]，
其所指「連章結句」蓋亦包括意義複疊，近於駢贅的行文
現象。以幾則文句為例來看：

44 引見黃亦真：《文心雕龍比喻技巧研究》，頁 310。
45 隋劉善經之語，引見弘法大師：《文鏡祕府論・天卷・四聲論》（台
　　北：貫雅文化事業，1991 年 12 月），頁 97。

> 若能闢禮門以懸規，標義路以植矩，然後踰垣者折
> 肱，捷徑者滅趾，何必躁言醜句，詬病為切哉！（〈奏
> 啟〉）

> 若乃齷齪於偏解，矜激乎一致，此庭間之迴驟，豈
> 萬里之逸步哉！（〈通變〉）

> 是以詩人感物，聯類不窮。流連萬象之際，沉吟視
> 聽之區。……自近代以來，文貴形似，窺情風景之
> 上，鑽貌草木之中。（〈物色〉）

第一例旨在標舉彈事類奏書運用之要點，其中「闢禮門以
懸規」與「標義路以植矩」一組對句，皆謂文書應以禮義
為標準，兩句可歸於一意，而「踰垣者折肱」與「捷徑者
滅趾」一組對句，喻指踰越違犯禮法者將自作自受，指涉
意義亦相當近似，其藉偶句以複疊強調之用意即相當明
顯。第二例設喻論作者若不明通變之理，自我侷限於一偏
之見，則有如在庭院中迴轉之馬，無法超逸馳騁。前一組
偶句「齷齪於偏解」與「矜激乎一致」意旨即相當近似，
兩句如同一意。第三例「流連萬象之際」與「沉吟視聽之
區」兩句，合而言之，即欣賞感知自然界中各種風物景色
之意；「窺情風景之上」與「鑽貌草木之中」兩句，意即觀
察鑽研景物草木之形貌，兩組對句，皆將一意分做兩句，
從優點看，這種表達方式有強調語意之作用，但就語意的
重複來說，則仍不免略有「辭敷而言重」（〈鎔裁〉）之感。
　　以上一從駢辭儷句之限制性來看，一從駢偶語句之繁

冗性而言，前者是駢儷追求精約所造成，後者則是駢儷所導致的複疊，可見駢儷這種「形式」或易趨於精，或易至於繁，顯然是影響表達效果的重要因素。其一體兩面，運用得當則爲行文之助力，超過限度則反而成了表達的阻礙，就如同王夢鷗所謂「博贍之中卻有無數陷阱」，侷限了論體文章本身論述功能的發展。因此，劉勰是否能秉持「文不滅質，博不溺心」（〈情采〉）的理念，追求適度的藻采，正是評估《文心雕龍》駢體表達侷限時應予考察之前提。

五、結　語

　　南朝駢儷時文之習是孕育《文心雕龍》的環境，而駢儷的這種形式也是造成《文心雕龍》駢論表達特點與侷限的主要關鍵，故凡駢體文章所具有的行文特點及缺點，《文心雕龍》也可能都有，只不過劉勰以自己所標舉自然爲宗、情采並重的審美觀來作爲行文理則，所以文章仍能有別於定型之四六駢體，不僅免除了華而不實之弊，也流露出雅麗兼備的一種風貌。故《文心雕龍》與時文之習固然有密切之關連，但卻未必是衡量其文章優劣的絕對因素。

　　本章分析《文心雕龍》以駢著論之語意表達的現象與特點，也嘗試正視《文心雕龍》行文之可能侷限，旨在兼從正負兩面著眼，考察劉勰在唯美形式的重重限制下，利用駢儷語句表達模式之優勢，兼顧內容論點之表述，呈現恰如其份的文采。如在概念的統括、語意的強調、秀句的

裁成等方面，駢儷語句即頗具顯著的論述效能。故可見當其「言以文遠」的目標清楚，駢儷形式便不會藻飾過度，而造成表達之侷限，故實不宜一律皆視為形式主義，或逕以累贅或駢枝看待。誠如章太炎謂：「議論者駢散各有所宜。」[46]王瑤也指出：

> 駢文自有它特殊的一種議論說理的方式，雖然和散行文字不同，但也可以達到這種使命，其效果並不比對於表情敘事更無力。[47]

可見駢體仍有適於議論說理的一面。固然《文心雕龍》仍難免存在一些表意的限制與繁冗的情形，這未必屬於獨有，可能是運用駢儷形式表達時易產生的一種共同現象，但就論文之體而言，駢儷畢竟是說理的輔翼，而非任意縱情馳騁文采的憑藉，一切仍以內容義理之陳述為要，使文能逮意，故對於文辭精繁分寸之拿捏應力求得體，駢體之藻飾方不致如「繁華損枝，膏腴害骨」（〈詮賦〉），據此來看《文心雕龍》，便可見劉勰對於「怎麼說」這一課題的思考確實持審慎態度，自我實踐的意圖也相當明確，是以駢文學家劉麟生推讚云：

> 彥和之書，……即以文章而論，亦駢文中最大之著作，析理綿密，設詞妥愜，隻詞片義，衣被華夏，

---

46 詳參見章太炎：《國學略說‧文學略說》（高雄：復文出版社，1984年 11 月），頁 197。

47 引見王瑤：〈徐庾與駢體〉，《中古文學史論》（北京：北京大學出版社，1998 年 1 月），頁 321。

　　　　餘風至今未泯，嗚呼盛哉！[48]

可見《文心雕龍》以駢著論之成就及其所獲得的肯定。

　　以駢著論是《文心雕龍》的顯著特色，其利弊如一體兩面，相伴而生。一方面劉勰盡可能突破形式囿限，善用駢體本身之優勢行文論理，故能卓然有成，自樹一幟，造就了後世難以企及的學術成就；然另一方面也不免受到駢儷之形式侷限，未能盡情盡致，因而留下些許引人詬病之議。今日面對歷代眾多評價，必須承認大醇中亦難免有小疵，故不需故意誇大來看，也實不必刻意諱言。

　　綜合而論，《文心雕龍》以駢著論，不僅「長於敷陳」，在議論方面也頗有得力處，這種實踐經驗，雖未必盡善盡美，但卻是《文心雕龍》在純粹文學理論方面的建樹之外，亦很值得推讚的一項聲譽。

---

48 引見劉麟生：《中國駢文史》（台北：台灣商務印書館，1990 年 12 月台六版），第四章，頁 59。

第八章 結 論

　　歷來論文之作，或爲片言隻語，或僅單章獨篇，然皆不免於零星泛議，而能成「專門名家」、「勒爲成書」[1]者，當首推《文心雕龍》。劉勰以宏闊的識見，縝密的思理，並輔以駢儷精巧的文辭著書，故《文心雕龍》不僅在中國文學理論批評史上佔有一席重要地位，在中國文章學史、駢文史中亦卓絕群倫，久享崇高不墜之盛譽。清劉開謂：

> 至於宏文雅裁，精理密意，美包眾有，華耀九光，則劉彥和之文心雕龍，殆觀止矣。[2]

可謂是《文心雕龍》駢體文章成就之總評。

　　本研究由「以駢著論」之視角切入，主要係從文章學、文體學之觀點，針對「駢體」、「論體」的相關議題來進行考察，一方面期能具體分析《文心雕龍》本身之駢體特性及風采，進而釐清其書與駢體文學之關係；另一方面則可以較爲客觀的態度看待其書在中國駢文發展脈絡中的學術評價。

---

1 清章學誠云：「《詩品》之於論詩，視《文心雕龍》之於論文，皆專門名家，勒爲成書之初祖也。」引見章學誠著、葉瑛校注：《文史通義校注・詩話》（台北：里仁書局，1984 年 9 月），頁 559。
2 語見劉開〈與王子卿太守論駢體書〉，引自楊明照：《增訂文心雕龍校注・下・品評第二》（北京：中華書局，2000 年 8 月），頁 652。

綜觀本書各章研究所得，主要可歸結出以下六項結論：

第一，從文章之體製而言，《文心雕龍》並非標準之駢文，而是運用了大量「駢語」的論體。《文心雕龍》駢儷氣息雖重，行文固然也講究裁對、隸事、敷藻與調聲，然其體勢卻與制式定型化的六朝文以及後世以駢四儷六為主的標準駢文頗有區別。如駢散運用方面，迭用奇偶，以錯落為貴；句式選擇方面，長短變化，以應機為節；平仄對仗方面，寬嚴互見，以自然為則；隸事引典方面，務使用舊合機，以融合為妙；另外也透過語助餘聲，使文章得流利彌縫之巧。書中各篇可說是以駢儷句式為主，其中亦適時間雜長短不一的散行文句，故大致上形成駢散合轍的文章體製。

第二，從理論之實踐而言，《文心雕龍》是充分履行自我駢論主張的美文佳構。《文心雕龍》不僅在理論層面提出合理具體的寫作理則，在實際行文上也力求實踐照應。故如上一項所謂「迭用奇偶」、「用舊合機」、「或變之以三五，蓋應機之權節也」，以及所謂「自然成對」、「自然會妙」、「理圓事密」、「銜華佩實」等觀點，不僅是劉勰相當重要的寫作理念，也可在各篇行文之中找到明顯佐證。這些實踐經驗，雖未必盡善盡美，但卻是《文心雕龍》在純粹理論的建樹之外，亦很值得推讚的一項聲譽。

第三，從行文的策略而言，《文心雕龍》是深諳辭章技巧的文學論文。《文心雕龍》各篇適時運用各式駢句，不僅只有追求唯美表現的形式功能，而是以「辭達」為宗

旨，積極發揮鋪展、論證、參照的本能，甚至可壯闊文勢，綜括文意，匯聚文旨，或是透過形態多元之句型，使論體在追求周密嚴謹之際，亦能顯得靈動練達。此外，繫於文末的四言有韻贊語，宜於宣誦，頗有詩的感性情韻。故在駢散合轍的正文之後，附上四言八句的贊語，如此駢、散、韻共篇，將論文的理性思辨與詩的感性情韻結合，和諧而巧妙，構成聲情琅琅、宜讀可誦的篇製。由辭章經營之種種策略，可窺見劉勰「為文之用心」。

第四，從理論之定位而言，《文心雕龍》是深具文學風采的駢論。「論」之本身作用在於析事論理，卻由於劉勰才學豐贍，故在體系結構、思維條理乃至文章辭采上均有不凡表現，不僅長於敷陳，在文論方面也頗有得力處，因而能深富文學質性。劉勰以駢體書寫之文學論文，既可析其風格，亦有美感可探。如前文述及形文之剛柔與雅麗、聲文之錯綜與婉轉，以及情文之蘊藉與穎秀，即可見證《文心雕龍》論體之文所散發出的多元風采。

第五，從駢體之發展而言，《文心雕龍》是兼具原理性以及時代性的駢體研究論著。劉勰總結往代前賢之論，從文章的基本原理建構起《文心雕龍》面面俱到的理論，然卻由於面臨「飾羽尚畫，文繡鞶帨，離本彌甚，將遂訛濫」(〈序志〉)的時代文風，因此決心以積極的態度，從事診治文體之業。駢體即劉勰所面對、欲投以關切眼光的主要文體，其針對當時文學需要而追本溯源、立言發論。故《文心雕龍》以駢著論，實有從根本上矯治文風，為文學立範的深意。

　　最後，從駢論之評價而言，《文心雕龍》在唯美形式的重重囿限下，利用駢儷語句表達模式之優勢來行文論理，並兼顧內容之表述，故呈現恰如其份的文采。劉勰以駢體進行撰著，固屬時勢潮流趨勢的必然選擇，然不僅未與時文同流，反而能卓然有成，爲辭章營造出兼具詩性與理性的論文體製，至今仍爲歷代文論發展中獨樹一幟的異數；另一方面來看，《文心雕龍》也不免同時受到駢儷之形式侷限，行文未必皆能盡情盡致，因而留下些許引人詬病之議。面對歷代相關評價，若能正視其大醇中之小疵，肯定其瑕不掩瑜的事實，從中衡鑑取資，也必可爲當前辭章寫作帶來不少啓示。

　　從駢體文學的觀點來探索《文心雕龍》「以駢著論」之課題，固然是個人嘗試在研究視角上的開展，然卻由於學識、能力、時間等多重因素之侷限，對於本研究所論及之六項主題，恐仍難以盡括此論題的精髓要義，則頗有深憾。故這僅是階段性的探索成果，至於其餘尙未論及者，則也將列爲日後思索與探究的重要目標，持續黽勉爲之，庶幾能無負劉勰「標心於萬古之上，送懷於千載之下」（〈諸子〉）之宏願哉！

主要參考書目

說明：

1・本書目依專著、單篇論文及學位論文二部分排列，其中專著部份依其性質分類編排。

2・民國以前古籍，以著者時代爲序，置於各類之前；民國以後論著，則依出版或發表先後爲序。

3・論著之出版及發表日期，爲求一致，統一以西元紀年。

【專著部份】

一、文心雕龍研究類

文心雕龍輯注 （清）黃叔琳注、紀昀評　台北　台灣中華書局四部備要本

紀曉嵐評注文心雕龍 （清）黃叔琳注、紀昀評　揚州　江蘇廣陵古籍刻印社　1997 年 7 月

文心雕龍講義　程兆熊　香港　鵝湖出版社　1963 年 3 月

文心雕龍研究論文集　淡江文理學院中文研究室　1970 年 11 月

文心雕龍札記　黃侃　台北　文史哲出版社　1973 年 6 月

文心雕龍研究論文選粹　王師更生編　台北　育民出版社

　　1980 年 9 月

文心雕龍校釋　劉永濟　台北　華正書局　1981 年 10 月

文心雕龍注　范文瀾　台北　宏業書局　1982 年 9 月

文心雕龍新書　王利器　台北　宏業書局　1983 年 8 月

文心雕龍注釋　周振甫　台北　里仁書局　1984 年 5 月

興膳宏文心雕龍論文集　彭恩華編譯　濟南　齊魯書社
　　1984 年 6 月

文心雕龍讀本　王師更生　台北　文史哲出版社　1985
　　年 4 月

文心雕龍校注拾遺　楊明照　台北　崧高書社　1985 年 5
　　月

文心雕龍：古典文學的奧秘　王夢鷗　台北　時報文化
　　1987 年 1 月

文心雕龍譬喻研究　劉榮傑　台北　前衛出版社　1987
　　年 11 月

文心雕龍研究論文選　甫之、涂光社編　濟南　齊魯書社
　　1988 年 1 月

文心雕龍綜論　中國古典文學研究會編　台北　學生書局
　　1988 年 5 月

文心雕龍的風格學　詹鍈　台北　木鐸出版社　1988 年 9
　　月

文心雕龍義證　詹鍈　上海　上海古籍出版社　1989 年 8
　　月

文心雕龍研究　王師更生　台北　文史哲出版社　1989
　　年 10 月

文心雕龍譯注　趙仲邑　南寧　廣西教育出版社　1990
年 2 月

文心同雕集　曹順慶編　成都　成都出版社　1990 年 6 月

文心雕龍比喻技巧研究　黃亦真　台北　學海出版社
1991 年 2 月

文心雕龍新論　王師更生　台北　文史哲出版社　1991
年 5 月

文心雕龍研究　穆克弘　福州　福建教育出版社　1991
年 9 月

文心雕龍與現代修辭學　沈謙　台北　文史哲出版社
1992 年 5 月

文心雕龍研究薈萃　饒芃子主編　上海　上海書店　1992
年 6 月

文心雕龍國際學術研討會論文集　日本九州大學中國文學
會　台北　文史哲出版社　1992 年 6 月

文心雕龍文學理論研究和釋譯　杜黎均　台北　曉園出版
社　1992 年 7 月

文心雕龍講疏　王元化　上海　上海古籍出版社　1992
年 8 月

文心雕龍導讀　王師更生　台北　華正書局　1993 年 7 月

文心雕龍的美學　金民那　台北　文史哲出版社　1993
年 7 月

新譯文心雕龍　羅立乾　台北　三民書局　1994 年 4 月

文心雕龍學綜覽　文心雕龍學綜覽編委會　上海　上海書
店　1995 年 6 月

中國古代文學理論的秘寶 —— 文心雕龍　王師更生　台北
黎明文化事業　1995 年 7 月

魏晉文論與文心雕龍　呂武志　台北　樂學書局　1998
年 3 月

文心雕龍析論　王忠林　台北　三民書局　1998 年 3 月

劉勰及其文心雕龍　涂光社　北京　春風文藝出版社
1999 年 1 月

文心雕龍研究史　張少康等　北京　北京大學出版社
2001 年 9 月

論劉勰及其文心雕龍　中國文心雕龍學會　北京　學苑出
版社　2000 年 2 月

增訂文心雕龍校注　楊明照　北京　中華書局　2000 年 8 月

文心雕龍探賾　蔡師宗陽　台北　文史哲出版社　2001
年 2 月

台灣近五十年來「《文心雕龍》學」研究　劉渼　台北　萬
卷樓圖書公司　2001 年 3 月

駢體語譯文心雕龍　張光年　上海　上海書店出版社
2001 年 3 月

劉勰評傳　楊明　南京　南京大學出版社　2001 年 5 月

文心雕龍系統觀　石家宜　南京　江蘇古籍出版社　2001
年 9 月

文心雕龍的傳播和影響　汪春泓　北京　學苑出版社
2002 年 6 月

文心雕龍的文學理論和歷史淵源　郭鵬　濟南　齊魯書社
2004 年 7 月

文心雕龍探索（增補本）　王運熙　上海　上海古籍出版
社　2005 年 4 月

文論巨典 —— 文心雕龍與中國文化　戚良德　開封　河南
大學出版社　2005 年 4 月

周振甫講《文心雕龍》　周振甫　南京　江蘇教育出版社
2005 年 11 月

文心雕龍管窺　王師更生　台北　文史哲出版社　2007
年 5 月

文心雕龍精讀　卓國浚　台北　五南圖書公司　2007 年
5 月

「作者」觀念之探索與建構 —— 以《文心雕龍》爲中心的
研究　賴欣陽　台北　台灣學生書局　2007 年 5 月

讀文心雕龍手記　羅宗強　北京　三聯書店　2007 年 10 月

文心雕龍精讀　楊明　上海　復旦大學出版社　2007 年
11 月

2007《文心雕龍》國際學術研討會論文集　文心雕龍國際
學術研討會論文集編委會主編　台北　文史哲出版社
2008 年 8 月

劉勰與《文心雕龍》考論　孫蓉蓉　北京　中華書局　2008
年 11 月

文心雕龍講演錄　李建中　桂林　廣西師範大學出版社
2008 年 12 月

二、散文、駢文研究類

六朝麗指（清）孫德謙　台北　新興書局　1963 年 11 月

駢體文鈔（清）李兆洛　上海　上海古籍出版社　2001 年 5 月

駢文學　劉麟生　上海　商務印書館　1934 年

中國駢文史　劉麟生　台北　台灣商務印書館　1936 年 12 月

駢文概論　金秬香　台北　台灣商務印書館　1967 年

中國駢文發展史　台北　台灣中華書局　1970 年 5 月

駢文衡論　謝鴻軒　台北　廣文書局　1973 年 10 月

中國駢文析論　張仁青　台北　東昇出版社　1980 年 10 月

駢體文作法　王承之　台北　廣文書局　1980 年 12 月

駢文與散文　蔣伯潛　台北　世界書局　1983 年 12 月

駢文學　張仁青　台北　文史哲出版社　1984 年 3 月

齊梁麗辭衡論　陳松雄　台北　文史哲出版社　1986 年 1 月

中國散文史　郭預衡　上海　上海古籍出版社　1986 年 5 月

駢文史論　姜書閣　北京　人民文學出版社　1986 年 11 月

文心雕龍今譯　周振甫　北京　中華書局　1988 年 12 月

六朝駢文聲律探微　廖志強　台北　天工書局　1991 年 12 月

中國散駢文概論　方孝岳　瞿兌之　台北　莊嚴出版社　1993 年 8 月

駢文通論　莫道才　南寧　廣西教育出版社　1994 年 3 月

中國散文史綱　劉衍　長沙　湖南教育出版社　1994 年 6 月

中國散文藝術　周明　淮陰　江蘇教育出版社　1994 年 9 月

駢文　尹恭弘　北京　人民文學出版社　1994 年 7 月

獨具魅力的六朝駢文　于景祥　瀋陽　遼寧古籍出版社　1995 年 5 月

中國散文學通論　朱世英等　合肥　安徽教育出版社　1995 年 12 月

駢文觀止　莫道才　北京　文化藝術出版社　1997 年 2 月

散文鑑賞藝術探微　馮永敏　台北　文史哲出版社　1997 年 5 月

六朝駢文形式及其文化意蘊　鍾濤　北京　東方出版社　1997 年 6 月

中國駢文通史　于景祥　長春　吉林人民出版社　2002 年 1 月

駢文的發生學研究　李蹊　保定　河北大學出版社　2005 年 12 月

中國古代駢文批評史稿　奚彤雲　上海　華東師範大學出版社　2006 年 10 月

唐宋八大家駢文研究　沙紅兵　北京　人民文學出版社　2008 年 4 月

三、文體研究類

文體序說三種　（明）吳訥　台北　大安出版社　1998 年 6 月

古文辭類纂　（清）姚鼐　台北　華正書局　1998 年 7 月

文體論纂要　蔣伯潛　台北　正中書局　1959 年台一版

文體論　薛鳳昌　台北　台灣商務印書館　1968 年 3 月

體裁與風格　蔣伯潛　台北　世界書局　1982 年 11 月

古代散文文體概論　陳必祥　台北　文史哲出版社　1987
　　年 10 月

古代散文文體概論　姜濤　太原　山西人民出版社　1990
　　年 7 月

中國古代文體概論（增訂本）　褚斌杰　北京　北京大學
　　出版社　1990 年 10 月

文體與文體的創造　童慶炳　昆明　雲南人民出版社
　　1994 年 5 月

叢生的文體 —— 唐宋文學五大文體的繁榮　劉明華　南京
　　江蘇教育出版社　2000 年 8 月

魏晉南北朝文體學　李士彪　上海　上海古籍出版社
　　2004 年 4 月

中國古代文體學論稿　郭英德　北京　北京大學出版社
　　2004 年 9 月

六朝文體批評研究　賈奮然　北京　北京大學出版社
　　2005 年 10 月

四、文學理論、文學研究類

論文雜記　（清）劉師培　台北　廣文書局　1970 年 10 月

漢魏六朝專家文研究　（清）劉師培　台北　台灣中華書
　　局　1982 年 3 月

藝概・文概　（清）劉熙載　台北　漢京文化事業公司
　　1985 年 9 月

論文偶記　（清）劉大櫆　北京　人民文學出版社　1998
　　年 5 月

春覺齋論文　（清）林紓　北京　人民文學出版社　1998
　　年 5 月

中國文學史概要　胡懷琛　台北　台灣商務印書館　1958
　　年 10 月

魏晉南北朝文學思想史　張仁青　台北　文史哲出版社
　　1978 年 12 月

六朝文論　廖蔚卿　台北　聯經出版事業公司　1978 年 4
　　月

中國文學批評史　王運熙、顧易生　上海　上海古籍出版
　　社　1981 年 7 月

中國文學理論　劉若愚　台北　聯經出版事業公司　1981
　　年 9 月

詩論　朱光潛　台北　漢京文化事業公司　1982 年 12 月

中國古代文藝美學範疇　曾祖蔭　台北　文津出版社
　　1987 年 8 月

文氣與文章創作之關係　朱榮智　台北　師大書苑　1988
　　年 3 月

中國文學理論史（六朝篇）　王金凌　台北　華正書局
　　1988 年 4 月

魏晉南北朝文學批評史　王運熙、楊明　上海　上海古籍

出版社　1989 年 6 月

中國文學批評史　羅根澤　台北　學海出版社　1990年2月

談文學　朱光潛　台北　國文天地雜誌社　1990 年 3 月

中國古代文學創作論　張少康　台北　文史哲出版社　1991 年 6 月

南北朝文學　駱玉明、張宗原　合肥　安徽教育出版社　1991 年 8 月

中國文學發展史　劉大杰　台北　華正書局　1991 年 7 月

文鏡秘府論校注(日)弘法大師原著　王利器注　台北　貫雅文化事業公司　1991 年 12 月

南北朝文學史　曹道衡、沈玉成編著　北京　人民文學出版社　1991 年 12 月

中國文學批評史　郭紹虞　台北　藍燈出版社　1992 年 9 月

六朝文學觀念論叢　顏崑陽　台北　正中書局　1993年2月

中國文學理論批評史　敏澤　長春　吉林教育出版社　1993 年 3 月

中國文學理論史　黃保真等　台北　洪葉文化事業公司　1993 年 12 月

中國文學的對句藝術(日)古田敬一著　李淼譯　台北　祺齡出版社　1994 年 9 月

魏晉南北朝文學論集　香港中文大學中文系主編　台北文史哲出版社　1994 年 11 月

中國文章學史　周振甫　北京　中國文聯出版社　1994 年 12 月

中國文學批評方法 謝建中 成都 電子科技大學出版社 1995 年 4 月

中國文學理論批評發展史 張少康 劉三富 北京 北京大學出版社 1995 年 6 月

中國詩詞風格研究 楊成鑒 台北 洪葉文化事業公司 1995 年 12 月

文學風格概論 姜岱東 濟南 山東教育出版社 1996 年 3 月

中古文學史論文集 曹道衡 台北 洪葉文化事業公司 1996 年 10 月

南朝賦闡微 廖志強 台北 天工書局 1997 年 9 月

中古文學史論 王瑤 北京 北京大學出版社 1998 年 1 月

魏晉南北朝文學史論 管雄 南京 南京大學出版社 1998 年 3 月

中國文學史 袁行霈主編 北京 高等教育出版社 1999 年 8 月

中國文學的歷史與審美 冷成金 北京 中國人民大學出版社 1999 年 12 月

中國分體文學史（散文卷）趙義山等 上海 上海古籍出版社 2001 年 7 月

中國古典文學接受史 尚學鋒等 濟南 山東教育出版社 2000 年 9 月

中國文學論集 徐復觀 台北 台灣學生書局 2001 年 12 月五版

中國文學史學史　董乃斌等　石家莊　河北人民出版社
2003 年 1 月

魏晉南北朝文學史　胡國瑞　上海　上海文藝出版社
2004 年 2 月

文學風格論　王之望　台北　學海出版社　2004 年 5 月

六朝文采理論研究　辛剛國　北京　中國社會科學出版社
2005 年 2 月

中國文學批評史研究　韓經太　福州　福建人民出版社
2006 年 1 月

中國古代文論管窺（增補本）　王運熙　上海　上海古籍
出版社　2006 年 7 月

魏晉文學自覺論題新探　黃偉倫　台北　台灣學生書局
2006 年 7 月

中國古代文論詩性特徵研究　李建中等　武昌　武漢大學
出版社　2007 年 9 月

歷代文話　王水照　上海　復旦大學出版社　2007 年 11 月

魏晉南北朝文學史　聶石樵　北京　中華書局　2007 年
11 月

五、修辭學類

修辭學　傅隸樸　台北　正中書局　1969 年 3 月

修辭學發微　徐芹庭　台北　台灣中華書局　1974 年 8 月

實用國文修辭學　金兆梓　台北　文史哲出版社　1977
年 12 月

字句鍛鍊法　黃永武　台北　洪範書店　1986 年 1 月

修辭學發凡　陳望道　台北　文史哲出版社　1989 年 1 月

漢語修辭學史綱　易蒲、李金苓　長春　吉林教育出版社　1989 年 5 月

中國修辭學史　鄭子瑜　台北　文史哲出版社　1990年2月

漢語修辭學史　袁暉、宗廷虎　合肥　安徽教育出版社　1990 年 10 月

中國修辭學史　周振甫　北京　商務印書館　1991 年 1 月

修辭析論　董季棠　台北　文史哲出版社　1992 年 6 月

文藝修辭學　鄭頤壽主編　福州　福建教育出版社　1993 年 8 月

古詩文修辭藝術概觀　戴錫琦等　北京　首都師範大學出版社　1994 年 4 月

詩歌修辭學　古遠清、孫光萱　漢口　湖北教育出版社　1995 年 10 月

修辭學探微　蔡師宗陽　台北　文史哲出版社　2001年4月

修辭學（增訂三版）　黃師慶萱　台北　三民書局　2002 年 10 月

對偶辭格　朱承平　長沙　岳麓書社　2003 年 9 月

六、其他類

文選　（梁）蕭統編　（唐）李善注　台北　藝文印書館　1991 年 12 月

詩品注　（梁）鍾嶸著　陳延傑注　台北　里仁書局　1992 年 9 月

顏氏家訓集解　（北齊）顏之推撰　王利器注　台北　漢

京文化事業公司　1983 年 9 月

史通通釋　（唐）劉知幾著（清）浦起龍注　台北　台灣
　商務印書館　1968 年 9 月

文史通義校注　（清）章學誠著　葉瑛校注　台北　里仁
　書局　1984 年 9 月

曾文正公家訓　（清）曾國藩　台南　大東書局　1964 年

文選學　駱鴻凱　台北　漢京文化事業公司　1982 年 10 月

國學略說　章太炎　高雄　復文出版社　1984 年 11 月

照隅室語言文字論集　郭紹虞　上海　上海古籍出版社
　1985 年 4 月

語言風格學　張德明　高雄　麗文文化事業公司　1995
　年 10 月

文藝音韻學　沈祥源　武漢　武漢大學出版社　1998 年 1 月

漢語風格學　黎運漢　廣州　廣東教育出版社　2000 年 2 月

廖蔚卿教授八十壽慶論文集　台北　里仁書局　2003 年 2 月

【單篇論文及學位論文部份】

文心雕龍質疑　王夢鷗　故宮圖書季刊　1 卷 1 期　1970
　年 7 月

中國文學批評用語語義含糊之問題　楊松年　新加坡南洋
　大學學報　8、9 期　1974 年

文心雕龍評述　沈謙　幼獅月刊　40 卷 1 期　1974 年 7 月

魏晉南北朝駢文的發展及成就　胡國瑞　武漢大學學報
　1980 年 5 期

六朝騈文的藝術評價　胡國瑞　文學遺產　1987 年 1 期

騈文與六朝審美意識　鍾濤　青海師範大學學報　1989
年 3 期

論騈體文學在中國文學史中的歷史地位　杜敏　杜薇
陰山學刊（社會科學版）　1995 年 1 期

麗句與深采并流　偶意共逸韻俱發 — 論文心雕龍的騈句
藝術　李映山　中國文學　研究　1996 年 2 期

以詩爲文：騈文文體詩化特徵論　廣西師範大學學報　33
卷 2 期　1997 年 6 月

論文心雕龍的文體形式　劉昆庸　寧德師專學報　1997
年 2 期（總 41）

讀《文心雕龍・麗辭》篇　何宗德　輔大中研所學刊 8 期
1998 年 9 月

文心雕龍的思維方式、結構方式、表述方式　呂永　湘潭
大學學報　1999 年 2 期

六朝騈文學論略　莫山洪　柳州師專學報　15 卷 1 期
2000 年 3 月

劉勰在騈文創作上的傑出成就　于景祥、陸雅慧　社會科
學輯刊　2000 年 4 期（總 129）

論文與品詩 — 劉勰和鍾嶸文論言說方式之異　董玲　古
代文學理論研究　19 期　2001 年 7 月

《文心雕龍・麗辭》與騈文理論　莫山洪　柳州師專學報
17 卷 3 期　2002 年 9 月

從文心雕龍的贊曰看劉勰對詩經傳統的通變　朱清華　寧
夏大學學報（人文社會科學版）　第 24 卷 2002 年第 2 期

《文心雕龍‧論說》篇探蘊　陳復興　古代文學理論研究
　　第二十一輯　上海　華東師範大學出版社　2003年12月
論騈文文體的自足性和兼容性　呂雙偉　南京師範大學文
　　學院學報　2005年9月第3期
從《文心雕龍‧麗辭》看劉勰所推崇的騈文　梁祖萍　寧
　　夏社會科學　135期　2006年3月
文備眾體：中國古代文論的言說方式　李建中　文藝研究
　　2006年第3期
宛轉相承：騈文文句的一種接續方式　楊明　文史哲
　　2007年1期（總298）
文心雕龍批評文體三品　李小蘭、曾琪　江西財經大學學
　　報　2007年第2期（總50）
六朝麗辭體用說　陳松雄　東吳中文學報　13期　2007
　　年5月
文心雕龍以騈體論文是非辨　于景祥　文學評論　2007
　　年5期
論六朝批評文體的騈儷化　羅黎燕　襄樊學院學報　28
　　卷3期　2007年3月
論劉勰對騈文理論的貢獻　楊清之　江漢論壇　2008年3期
從《文心雕龍‧麗辭》的分類看麗辭的能指性　蔡瑩　韶
　　關學院學報（社會科學）　29卷4期　2008年4月

《文心雕龍》文章藝術析論　溫光華　國立台灣師範大學
　　國文學系博士論文　2003年1月
宋齊儷體文研究　蔡盈任　東吳大學中國文學系碩士論文

2005 年 6 月

文心雕龍的駢偶研究　江雲　重慶師範大學漢語言文字專業碩士論文　2006 年 4 月

論六朝駢文的藝術美　謝恬頤　華中師範大學碩士論文 2007 年 5 月